事業再生研究叢書 19

国際的な事業再生

事業再生研究機構［編］

商事法務

はしがき

本書は、当事業再生研究機構が2021年（令和３年）５月29日に行った「国際的な事業再生　アジア各国の最新状況・ラムス事例紹介・身近にある国際倒産」をテーマとしたシンポジウムの内容をとりまとめたものです。

本書は、第１部・基調講演「国際的な事業再生の潮流」、第２部・テーマ別報告から構成されています。第２部のテーマ別報告は、大きく３つに分かれ、【Part１】では、アジア各国（中国、韓国、シンガポール、インド）における事業再生の最新状況について、【Part２】では、外国に資産を有する外国法人であるラムスコーポレーションの会社更生手続およびその代表者個人の破産手続で生じた実務上の問題とその解決策について、【Part３】では、身近にある国際倒産について、各分野の専門家である弁護士・裁判官から貴重な報告がなされています。また、【Part１】については、第１部の基調講演を務めていただいた松下淳一教授より、複数の視点から横串を通すようなかたちで、アジア各国に関する報告のポイントをご紹介いただいています。

本書の内容の詳細については、本書をお読みいただくとして、ここでは、本年５月のシンポジウム開催までの経緯を簡単にご紹介します。

このシンポジウムに先立ち、当事業再生研究機構のアジア事業再生研究委員会では、2019年９月、国際倒産の実務に詳しい弁護士・裁判官をメンバーとし、2020年５月に国際倒産をテーマとするシンポジウムを開催することを目的として研究会を立ち上げました。この時点の目的意識は、ネット企業の隆盛による既存業態への影響や米中貿易戦争などにより、社会経済の変化は激しく、国際経済の不確実性がますます大きくなったことを要因として、国際的な倒産事件も増加の傾向をみせており、アジア諸国で、事業再生に関連する法改正や、新しい実務上の取組みがみられ、これらはわが国の倒産実務に示唆を与えると思われることから、これを研究しようというものでした。毎月１回のペースで、研究会を開催し、担当者が、現地の弁護士からのインタビューやインターネット等で公表されたアジア各国の最新情報も踏まえた発表を行い、活発な議論を行ってきました。

ところが、ご存じのとおり、2019年11月に中華人民共和国湖北省・武漢市で初めて発生が確認された新型コロナウイルスにより引き起こされた世界的流行（パンデミック）、いわゆるコロナ禍により、状況が大きく変わりました。まず、コロナ禍の影響により、アジア各国の倒産実務や制度が急激に変化し、研究会で準備を進めている内容の少なくとも一部が古くなるおそれが生じました。また、コロナ禍の中、東京で、出席者が100人を超えるようなシンポジウムを開催することは、現実的でなく、2020年３月には、シンポジウムの開催を延期せざるを得なくなりました。

同年４月には、新型インフルエンザ等対策特別措置法による緊急事態宣言が発令され、その後も、さまざまな制約から、研究会の活動が止まっていたのですが、同年11月になってWeb会議システムを利用して研究会を再開し、研究会メンバーの熱意により、それまでの研究成果をアップデートするとともに、コロナ禍に対する各国の事業再生に関する取組みといった最新情報も収集して、研究内容を深化させ、2021年５月、ZOOM Webinar形式でのシンポジウム実施に至ったものです。

最後に、今回の研究会および本シンポジウムに参加・登壇いただいたメンバー各位と、本シンポジウムの運営にご尽力いただいた杉山昌樹さん、新井桂さんをはじめとする（公社）商事法務研究会の皆さま、迅速な出版にご尽力いただいた吉野祥子さんをはじめとする㈱商事法務の皆さまに心から感謝申し上げます。

2021年11月

事業再生研究機構　専務理事
アジア事業再生研究委員会　委員長
弁護士　**蓑毛良和**

目　次

第1部

基調講演　国際的な事業再生の潮流

東京大学大学院法学政治学研究科教授　**松下　淳一**

第2部

【Part 1】アジア各国における事業再生の最新状況

1 韓国

弁護士 佐々木英人
弁護士 大川 友宏

2 インド

弁護士 高井伸太郎
弁護士 鈴木多恵子

3 シンガポール

弁護士 和田 正
弁護士 松本 渉

4 中国

弁護士 鐘ヶ江洋祐
弁護士 黒田 裕
弁護士 川合 正倫
中国律師 王 雨薇
弁護士 鈴木 章史

コメント

東京大学大学院法学政治学研究科教授 **松下 淳一**

【Part 2】ラムスコーポレーション事例紹介

1 代表者個人破産事例報告

弁護士 **相羽 利昭**
弁護士 **志甫 治宣**

2 ラムス更生事例報告

弁護士　進士　肇
弁護士　丸山　貴之

【Part 3】

身近な国際倒産

福岡高等裁判所裁判官　上拂　大作
弁護士　上沼　紫野
弁護士　志甫　治宣

第 1 部

基調講演 国際的な事業再生の潮流

東京大学大学院法学政治学研究科教授 松下 淳一

はじめに――開会の辞に代えて・基調講演の構成

ただいまから2021年度の事業再生研究機構のシンポジウム「国際的な事業再生（アジア各国の最新状況・ラムス事例紹介・身近にある国際倒産)」を始めさせていただきます。私は、第１部の基調講演を担当する松下です。私は当機構の代表理事も務めておりますので、基調講演の中身に入る前に、少しだけ開会の辞めいたものをお話しさせていただきます。

当機構は、実務法曹、研究者、行政官、金融実務家等の多様な分野の人材から構成される団体であり、例年５月の総会に続いて、研究の成果を披露するためのシンポジウムを実施しています。昨年（2020年）５月にも国際倒産をテーマとするシンポジウムを予定しており、一昨年から機構内の研究会で準備を進めていたのですが、昨年３月になって新型コロナ禍のために５月のシンポは予定どおりには実施できないという判断に至りました。しばらくは研究会の活動も一切止まっていたのですが、昨年11月になってオンライン方式で研究会を再開し、以後毎月１回のペースで研究会を実施して、本日に至ります。

本日はWebinar形式でシンポジウムを実施させていただく次第です。例年は、シンポジウムに出席するために参加費を頂戴していたのですが（機構の会員と会員ではない方とで金額が違います)、今回は、お支払いいただいた方だけWebinarに参加できるという仕組みの構築がなお十分にはできていないため、またプリントアウトした紙の資料をお渡しすることもできないため、例外的に会員・非会員ともに参加費を頂戴しないこととしました。来年以降、会場でのリアルでの開催ができるようになりましたら、元に戻して参加費を頂戴することになろうかと思いますので、この点はご了解願います。なお、オンラインでのシンポジウムには、会場にリアルで来なくても参加できる、遠くからでも参加できるというメリットもありますので、今回のシンポジウムの経験をふまえて、リアル開催ができるようになった後も機構の研究成果の発表方法としてオンラインでの会合の開催の当否をなお検討する意味があるように思います。この点は今後の課題です。

以上が、開会の辞に代えたご挨拶であり、これからが基調講演の本体です。基調講演は、このシンポの後半・第2部の頭出しあるいは基礎となる内容です。このシンポの第2部は3つに分かれ、Part 1「アジア各国（中国、韓国、シンガポール、インドの4か国）の最新状況」、Part 2「ラムス（船会社の更生事件）事例紹介」、そしてPart 3「身近な国際倒産（いくつかの事例）」です。私の基調講演は2つの部分から構成されています。第1の部分は、国際倒産という領域についての概説であり、主要な問題点について教科書的な説明をする内容となっています。この第1の部分は、シンポ第2部のPart 1、Part 2およびPart 3の全体の前提的な事項についての説明という位置付けです。基調講演の第2の部分は、シンポの第2部のうちPart 1アジア各国の最新状況のポイント、「聞き所」をあらかじめご紹介することにします。こうすることで、聴衆の方に、いっそう興味深く第2部Part 1を聞いていただけるのではないかと思います。

1　国際倒産概観——問題の所在

(1)　国際倒産の意義

倒産手続を構成する諸要素、具体的には、債務者の事業や資産の所在地、債務者を取り巻く法律関係等について、複数の国にまたがるという意味で渉外的要素がある倒産事件を国際倒産と呼びます。今日のように、クロスボーダーの取引や経済活動が活発になると、1つの会社が複数の国に財産を有し、債権者も外国人・外国法人という事例が増え、それに比例して国際倒産事件も増えることになります。また、船会社や航空会社のように、所有する船や飛行機が国境を越えて移動するのが常である業種の場合には、その破綻は多くの場合国際倒産事件となります。

従来は、国際倒産に関する法的問題として、次のような問題が議論されてきました。先ほど述べたように、これらは、本日の第２部のPart１、Part２およびPart３で具体的に現れる問題です。

⑵ 国際倒産管轄――直接管轄

複数の国に資産・事業を有する債務者の倒産事件についてどの国の裁判所が管轄するのか、債務者から見れば自分について倒産手続を利用するためにどの国の裁判所に申し立てればよいか、という問題です。言い換えれば、ある債務者の倒産事件はどの国（の裁判所）と密接な関連性を持つかという問題です。直感的には、ある債務者について、事業も資産もなく、債権者もいない国で倒産手続を開始するのは適切ではなさそうです。では、事業はないが資産だけ所在する国ではどうか、事業はあるが従たる営業所のみで主たる営業所は存在しない国ではどうか、あたりが問題となりそうです。倒産手続の種類（清算型・再建型）によっても、管轄原因は異なり得ます。この応用問題として、グループ会社内の他の関連会社を自社の営業所とみなすことができるかどうかという問題があります。

⑶ ある国で出された倒産手続開始決定の外国での効力

(i) 総論

従来、国際倒産の分野で活発に議論されていたのは、ある国で出された倒産手続開始決定の外国での効力の有無あるいはその内容です。古典的には、立法政策として、開始決定の効力はその国の中にしか及ばないとする属地主義と外国にも及ぶとする普及主義の２項対立で議論されてきました。

ここで倒産手続開始決定の効力とは、第1に資産サイドでいえば、債務者が自分の財産についての管理処分権を喪失し（さらに業務遂行権を喪失し）、債務者財産に関する管理処分権（さらに業務遂行権）は裁判所が選任した管財人に専属するという効果であり、第2に負債サイドでいえば、倒産債権者による個別の権利行使の禁止という効果が主として想定されています。日本法でいえば、破産手続あるいは更生手続をイメージしていただくとよいかと思います。

かつての日本法は、属地主義を採用し、日本国内での倒産手続開始決定の効力は外国には及ばず、同様に外国でされた倒産手続開始決定の効力は日本には及ばない、と規定していました。国際的な取引あるいは経済活動が稀であった昔であれば、債務者が外国に財産を持っていることも稀で、日本国内の財産だけを倒産手続の対象とすれば足りるとすることで、倒産手続を簡易迅速に進行させることができるというメリットもありました。

しかし、国際的な取引あるいは経済活動が活発になるにつれて、属地主義に基づく立法は不適切であるという認識が一般的になってきました。属地主義の不都合な点として、次の3点が指摘されています。

第1に、国際的なレベルでの債権者平等が実現できないという点です。例えば、日本である債務者について破産手続が開始されたとしても、その債務者が外国に有する財産には日本の破産手続開始決定の効力は及ばないことから、その債務者が在外資産から特定債権者にだけ弁済をしたり、あるいは特定の債権者だけが外国での強制執行により満足を受けたり、ということができてしまい、その結果国際的なレベルでの債権者平等を損なうということです。

第2に、債務者財産の価値の最大化ひいては債権者への分配の最大化を図ることが困難になるという点です。属地主義の下では、債務者が外国に財産を有することが明らかであっても、管財人がそれらの財産を自身で換価して債権者への弁済原資にすることは困難です。また、複数の国にまたがって所在する財産群をまとめて売却する方が高く売れる場合であっても、日本の管財人の管理処分権は外国にはまったく及ばないとすれば、それらの財産をまとめて売却することは困難です。

第3に、債務者の事業の実効的な再建が困難になるという点です。債務者の事業が国境をまたいで行われている場合、例えば外国で途中まで仕上げた製品を日本国内で完成させるという事業である場合には、国内の事業と外国での事業とがそれぞれの倒産手続において別々の運命をたどることになれば、その事業の一体的な再建は困難となりましょう。

以上のように、属地主義が立法政策として不適切であることは明らかであるとしても、その対極にある普及主義は、実際にはそう簡単に実現できるものではありません。その理由は、一言で言えば国家主権です。例えば、普及主義的な、すなわち倒産手続開始決定の効力は国内にとどまらない旨を規定する倒産法を有する国（A国）において、ある債務者Sについて倒産手続が開始されたとして、その債務者Sが別の外国（B国）に財産を有しているとしても、A国裁判所の裁判の効力は当然にはB国の主権の及ぶ領土内に所在する債務者Sの財産に及ぶわけではないので（倒産手続は包括執行ともいわれます）、A国で選任された管財人がB国内の債務者Sの財産の管理処分権を当然に取得するわけでもなく、またA国、B国あるいはそれら以外のC国の債権者はB国の法律に従ってB国に所在する債務者Sの財産を対象として個別執行をして、A国で開始された倒産手続の外側で満足を受けることがでることから、結果的に債権者間の不平等が生じる事態が起きる可能性があります。

このように、国家主権の範囲によって債務者の財産が分断されるということは前提としつつ、国際的な潮流である普及主義的な結論を目指したのが、1997年に作成されたUNCITRALの国際倒産モデル法であり、その中核となるのが「外国倒産手続の承認（recognition）」という概念です。先ほどの例でいえば、A国で開始された倒産手続開始決定についてB国法に基づいてB国の裁判所が承認をすると、自動的にあるいはB国裁判所の裁判によって、B国内での個別執行が禁止されたり、B国内に所在する債務者財産について債務者自身の管理処分権を喪失させたりすることができるという仕組みです。債務者の主たる営業所がＡ国内にあるのであれば、Ｂ国内に所在する財産は、最終的にはＡ国に移されて、Ａ国の倒産手続における債権者への分配原資となることになります。

(ii) 外国倒産処理手続の日本における承認

以上の総論をふまえて、まず、倒産手続開始決定がされたＡ国が外国、承認する側のＢ国が日本である場合を取り上げます。Ａ国の倒産法が、その倒産手続開始決定の効力は国外に及ぶと定めているとしても、その効力は当然には日本国内には及びません。したがって、Ａ国での倒産手続開始後も、債務者Ｓは日本国内の自分の財産の管理処分権を有するし、その債権者は日本国内に所在する債務者Ｓの財産を対象として日本法に基づいて個別執行をすることができることになります。

国際的に整合のとれた倒産処理を行うためには、債務者が日本の裁判所にＡ国の倒産処理手続の承認を求めることになります。承認の要件のうち主なものは、①債務者がＡ国内に営業所（主たる営業所ではなくてもよい）を有すること（単に財産があるだけでは不可）（承認管轄）、そして②これから述べる援助処分をすることが日本の公序良俗に反しないこと等です。

承認決定それ自体には直接的な効果はありませんが、承認決定に基づいて日本の裁判所（東京地裁に専属管轄）は、援助処分として、個別執行の中止や禁止を命ずることができ、また債務者による財産の処分の禁止や日本国内の財産について排他的に財産の管理処分権を有する承認管財人の選任等をすることができます。日本国内の財産は、最終的にはＡ国の倒産手続に集結してそこでの弁済原資となります。承認決定とそれに続く援助処分の手続は、通常の倒産手続のうち財産の確保や換価の部分のみを抜き出したものであり、それ以外の部分、具体的には債権の確定や債権者への分配（配当あるいは再建計画の成立とその遂行）の部分は、援助対象である外国倒産処理手続に委ねている、と言うことができます。

ⅲ 日本の倒産手続開始決定の外国における効力

次に、倒産手続開始決定がされたA国が日本、B国が外国である場合を取り上げます。例えば、日本における破産手続開始の決定は日本国外にも効力を有することになっています。破産法34条1項が、「破産者が破産手続開始の時において有する一切の財産は、破産財団とする。」と規定していますが、「一切の財産」には括弧書が付されており、その中には「日本国内にあるかどうかを問わない。」とあります。この括弧書は、日本における破産手続開始の決定は日本国外にも効力を有する趣旨であると理解されています。

この対外効が日本国内で問題となるのが、弁済調整、いわゆるhotch-pot ruleです。例えば、日本の破産手続に参加している債権者Gが、B国内にある債務者Sの財産に対して個別執行をして債権の10%を回収したとします。B国法上はその個別執行は適法ですが、日本法からみればその財産は破産財団を構成している財産なので、個別執行で得た10%は破産配当の前渡しのように扱い、日本の破産手続における配当率が例えば15%である場合には、差額の5%しか配当しない、というのが弁済調整です。

さて、この場面での実務上の難問は、債務者が外国＝B国に財産を有している（らしい）場合に、その財産をどのように回収するかという問題です。場合分けをすると、B国がUNCITRALの国際倒産モデル法に基づく承認の枠組みに関する法律あるいは機能的にそれに類似するB国内の債務者財産の散逸を防ぐ立法を有しているかどうかが問題となります。

第1に、B国が承認の枠組みを有している場合には、まずは日本の倒産手続をB国の裁判所に承認してもらい、B国内での債務者Sの財産に対する個別執行を止め、日本の管財人TのB国内での権限を認めてもらった上で、管財人Tの財産管理処分権に基づいてB国内の債務者Sの財産を換価し、日本に持ち帰ることになります。もっとも、承認の要件および効果は国ごとに異なるため、以上に述べたような処理が必ず可能であるとは限らないという問題は残らざるを得ません。

第２に、Ｂ国が承認の枠組みを有しない場合は、日本の管財人Ｔの権限に基づいてＢ国内の債務者Ｓの財産を換価することは困難であることが多いでしょうから、それ以外の方法に拠らざるを得ません。Ｂ国内の債務者Ｓの財産の管理処分権を有しているのは、Ｂ国法上は債務者Ｓ本人ですから、債務者Ｓの財産の処分を何らかの形でコントロールできれば、その方法によることになります。例えば、１つには、Ｂ国内の債務者Ｓの財産に担保権の設定を受けている債権者がいる場合には、その債権者の協力を得て、担保権を実行してもらい、それにより得た金銭を日本での倒産手続に拠出してもらう、という方法が考えられます。もう１つには、債務者Ｓが会社であり、その会社の株式を担保に取っている債権者がいる場合には、その債権者の協力を得て、担保の実行によりその債権者に株式を取得してもらって、その会社の意思決定をコントロールするという方法があり得ます。これら２つを通じて、日本で開始された倒産手続が更生手続である場合には、開始決定後の担保権の実行禁止という規律との関係をどう考えるかが問題となります。

⑷　並行倒産

⑶(ii)の倒産手続開始決定がされたＡ国が外国、承認する側のＢ国が日本である場合に戻ることにします。Ａ国の倒産手続を日本で承認すると、先に述べたように、日本国内の財産あるいはそれらの換価代金は援助対象であるＡ国の倒産手続に集結させることになり、したがって日本の債権者はＡ国の倒産手続で権利行使をして割合的な弁済を受けることになります。しかし、日本国内の労働者を典型例として、外国での権利行使が容易ではない債権者もいることから、そのようなローカルな債権者の権利行使の機会を保障するために、日本でも日本法に基づく倒産手続を開始することが可能とされています。仮に承認手続が先行していたとしても、後から日本法に基づく倒産手続の開始の申立てがされれば、ローカルな債権者の保護のために、原則として日本の倒産手続のみが進行す

ることとされています。このような状態を、A国と日本の両方で倒産手続が進行することから、並行倒産と呼びます。並行倒産においては、2つの手続の進行の調整を図ることが国際的に整合のとれた倒産処理をするために望ましいことから、両手続における管財人の間の連絡・調整、さらには両国の裁判所間での連絡・調整が可能か、可能であるとしてどのような態様となるかが問題となります。

(5) その他の問題

以上以外にも、国際倒産に関連する問題として以下のようなものがあります。

・ 倒産手続において自国民とそれ以外とで同じ扱いをするのかそれとも異なる扱いをするのかといういわゆる外人法の問題もありますが、この問題については、現在の日本法がそうであるように、内外人の平等扱いが一般的です。

・ 日本の倒産手続に関連する個別の法律関係について、どの国の法律が適用されるかという倒産準拠法の問題があります。例えば、外国法に基づく物的担保権の成否や優先順位を決めるために適用すべき法は何か、あるいは準拠法を外国法とする双方未履行双務契約の日本の倒産法による解除の可能性等が問題となります。

・ (3)(i)〜(iii)で議論したのは、倒産手続開始決定の国境をまたいだ効力の問題であり、いわば倒産手続の入口の国際的な効力の問題です。他方で、倒産手続の出口とも言える弁済計画の認可決定の国際的な効力いかんが近時、ある更生事件で問題となりました。具体的には、日本における更生計画の認可決定による更生債権等の権利変更の効力が外国にも及ぶのか、認可決定は対外効を有するのか、外国ではその対外効をどのように受け止めるのか、という問題です。

以上が、本日のシンポ第2部のPart 1、Part 2およびPart 3で現れる国際倒産に関する諸問題の概括的な説明です。

2　アジア４か国の倒産法――事業再生の近時の潮流

次に、基調講演の第２の部分として、この後の第２部Part１の聞き所について、第２部Part１での４報告に先立って簡単に触れておきたいと思います。第１の部分で述べた伝統的な国際倒産の諸問題もさることながら、広く比較倒産法的な観点から、近時の潮流をいくつか試みに挙げてみようと思います。

⑴　クロスボーダーの倒産処理・事業再生に対する立法政策

クロスボーダーの倒産処理・事業再生に対してどのような態度を示すかはそれぞれの国の立法政策によります。一方には、渉外的要素のある倒産事件の処理についてあまり積極的・協調的ではない立法政策があり、他方の極には、クロスボーダーの倒産処理・事業再生をなるべく自国で行おうという立法政策があります。この２つの立法政策の違いはどのような考え方の相違から生まれてくるのでしょうか。４か国でどのような差があるのでしょうか。

⑵　倒産処理・事業再生の「市場化」

倒産処理・事業再生について、裁判所や一部関係者のみが抱え込むのではなく、オープンな市場原理を利用する傾向を見てとることができるように思います。具体的に、どのような制度や運用を市場あるいは市場化と関連付けて考えることができるのでしょうか。

⑶　倒産処理・事業再生の「専門化」

倒産処理・事業再生に携わる制度あるいはヒトについて、専門性を高める傾向を見てとることができるように思います。具体的には、どのような部門でどのような専門化を見てとることができるのでしょうか。

⑷ 米国連邦破産法およびその下での実務の影響

現行の米国連邦破産法は1978年に立法されたものであり、その後部分的な改正は多数されているものの、本体は倒産立法としてはすでにかなり古くなっています。しかしいまなお各国の倒産立法あるいは実務運用にさまざまな影響を及ぼしているように思います。今回のアジア4か国で、米国連邦破産法およびその下での実務に影響された動きを見てとることができるように思いますが、どのような点にそのような動きを見てとることができるのでしょうか、またそのような動きは何に起因するのでしょうか。

以上のほか、倒産手続の電子化・IT化も気になるところです。第1部の基調講演は以上です。ご清聴ありがとうございました。

第 2 部

【Part 1】アジア各国における事業再生の最新状況

1 韓国

弁護士 佐々木英人
弁護士 大川 友宏

本稿は、2020年度事業再生研究機構シンポジウム「国際的な事業再生」の第2部(1)「アジア各国における事業再生の最新状況」にて発表した、韓国の事業再生手続の近時の動向をまとめたものである(注1)(注2)。

1 韓国の事業再生手続の概要

(1) 債務者回生法

韓国では、1997年のアジア危機およびその後に国際通貨基金(IMF)管理下に置かれた事態を受けて、倒産法制の現代化を図るべく、2006年4月1日に「債務者回生及び破産に関する法律」(債務者回生法)が施行された。新たな債務者回生法が施行される前までは、日本と同じく、

(注1) なお、同シンポジウムでの発表および本稿執筆にあたっては、Kim & Chang法律事務所のChiyong Rim弁護士およびJoonseok Lee弁護士に多大な助力を得た。ここに改めて感謝の意を示させていただく。もちろん本稿の内容の一切は筆者らの文責にある。

(注2) 韓国の事業再生手続の近時の動向に関して日本語で入手可能な基本文献としては、2009年以降開催されてきた日中韓の法曹が集まる東アジア倒産再建シンポジウムの一連の資料(韓国スピーカーから配布された一連の資料)がある。2011年度以降の資料については会員であれば東アジア倒産再建協会日本支部のウェブサイト(https://eaa-ir.com/jp/index.html)にても閲覧可能である。本稿も同シンポジウムにてこれまで発表された内容に多くを依拠している。特に、近時の動向については、2019年度シンポジウムにおいて発表された、Hyungdu Kim判事の「大韓民国倒産制度の現況と展望」、Hyo Jong Choi弁護士の「ハイブリッド方式の企業再建事例の検討および展望」およびSi-nae Kim弁護士の「倒産手続の承認及び支援に関する韓国の動向と実務」が参考になる。

破産法（日本の破産法に相当）、和議法（日本の旧和議法・民事再生法に相当）および会社整理法（日本の会社更生法に相当）の３つに分かれていたが、新たな債務者回生法の施行により、これらの法律を統合化・一元化することになった（なお、日本の特別清算に相当する制度は存在しない）。本稿は、主として債務者回生法に基づく手続の近時の動向を説明するものである。

なお、債務者回生法の下では、すべての種類の法人格主体（個人、合弁会社、医療法人、学校法人など）が申立企業として債務者回生法に基づく申立てを行うことができる（すなわち、日本の会社更生法のように申立能力を株式会社に限定することはない）。

また、債務者回生法施行後の2014年12月30日に、小規模事業者（回生債権および回生担保権の総額が50億ウォン以下である個人または法人の営業者を指す）を対象とした簡易回生手続が新設された。債務者回生法の手続は原則として管財人型であるが、この簡易回生手続はDIP型手続であり、管財人は原則として選任されないことになっている。

⑵ 企業構造調整促進法（企促法）

韓国には、債務者回生法に基づく手続（＝法的整理手続）に加えて、私的整理（ワークアウト）手続として、金融委員会所管法令である企業構造調整促進法（企促法）に基づく債務調整手続がある。企促法に基づく手続の最大の特徴は、金融機関（銀行）主導の私的整理手続であるという点である。企促法は、2001年８月14日に時限立法として当初制定されたが、その後６回にわたって微修正を加えながら制定を繰り返してきた（第１～４次立法では国内金融機関のみが企促法の対象であったが、現在では社債権者および外国銀行を含む金融債権者が企促法の対象となっている）。企促法の恒久化に向けた議論もなされているところではあるが（注３）、2021年現在の根拠法は第６次企促法であり、同法は2018年10月16日に制定され、期限は2023年10月15日までとされている。本稿は主として債務者回生法に関する近時の動向を紹介するものなので、企促法に基づく私的整理はここでその概要を説明することにする。

① まず、主債権銀行（メインバンク）は、企促法上、毎年1回、定期的に取引企業の信用リスク評価を実施しなければならないとされており、また、必要に応じてより頻繁に信用リスクの評価を行うことがある（企促法4条1項、施行令4条1項）。そして、主債権銀行が取引企業の信用リスクを評価した結果、取引企業が「不実兆候企業」（主債権銀行が、信用リスク評価に基づき、通常の借入に加えて外部からの追加的な資金がなければ、金融債権者の借入金返済など、通常の業務の過程における債務の履行が困難であると判断した企業をいう。企促法2条7号に定義規定がある）に該当する場合には、当該企業にこれを通知しなければならない（企促法5条1項）。

② 次に、通知を受けた不実兆候企業は、主債権銀行に対して、主債権銀行との共同管理手続（私的整理手続）の開始を申請することができる（企促法5条2項。なお、申請権者は不実兆候企業のみで、金融債権者は共同管理手続の開始を申し立てることができない）。仮に不実兆候企業が正当な理由なく共同管理手続の開始を申請しない場合には、今後は金融機関によるロールオーバーや新規融資を受けられないリスクに直面するおそれがあり、債務者回生法に基づく法的整理手続の利用も念頭に置くことになる。不実兆候企業が共同管理手続の利用を申請すると、主債権銀行は、共同管理手続の対象となる金融債権を一次的に選別した上で、申請から14日以内に、対象となる金融債権者に対して金融債権者協議会の招集を通知しなければならない（企促法9条1項）。また、主債権銀行は、対象となる金融債権者に対して、金融債権者協議会の開催日までの一時停止を要求する

(注3) 이화여자대학교 산학협력단「최종보고서 향후 기업구조조정제도의 종합적인 운영방향」(2019)（金融委員会に提出された梨花女子大学産学協力団による「今後の企業の構造調整制度の総合的な運用の方向」に関する最終報告書）参照。また、恒久化に向けた動きについては、柳在薫「企業構造調整促進法の恒久法化の方案」(2015年度東アジア倒産再建シンポジウム資料）も参照。

ことができる（企促法9条3項）。そして、この1回目の金融債権者協議会の法定多数決（原則として4分の3以上の金融債権額）により、対象となる金融債権に対する一時停止効が生ずることになる（企促法11条1項3号、23条1項2号）。

③ 一時停止効が生じている間に、主債権銀行は、外部専門家によってなされたデューディリィジェンスの結果を考慮した上で、債務調整や新たな信用供与、自助努力などを含む企業改善計画案（企促法13条2項）を策定し、金融債権者協議会に提出する義務を負う（企促法13条1項。ただし、主債権銀行は、計画案策定にあたって、不実兆候企業と事前に協議する義務がある）。このように、計画案の策定義務の主体は不実兆候企業ではなく主債権銀行であることは、企促法の手続が銀行主導の私的整理手続であることを示すものである。

④ 金融債権者協議会は、主債権銀行が策定・提出した企業改善計画案について議決し、可決された場合には議決後1か月以内に、不実兆候企業との間で企業改善計画の履行のための約定（企業改善約定）を締結することになる（企促法14条）。すなわち、法定多数決により可決した企業改善計画を実際に実行するにあたっては、不実兆候企業との間で合意（約定）が別途必要になる。

以上が企促法に基づく銀行主導の私的整理手続の大まかな流れであるが、企促法の大きな特徴としては、金融債権者協議会の決議に反対した債権者に賛成債権者に対する債権買取請求権が認められる（＝賛成債権者に反対債権者の債権を共同で買い取る義務がある）という点が挙げられる。すなわち、反対債権者は企促法上、賛成債権者に対して、公正な価格による債権買取請求権を行使することができるが（企促法27条1項）、公正な価格についてはまずは賛成債権者と反対債権者との間の合意に委ねられる。ただし、公正な価格は、少なくとも清算価値以上のものでなければならないとされている（同条3項）。合意が成立しない場合には、調停委員会（金融債権者協議会とは異なることに留意）が調停に入り、債権の買取価格および買取条件について調停決定をする（同条5項）。さらに調停決定に異議がある債権者は、調停決定日から1か月以内に裁判所に変更決定を請求することができるとされており（企促法32条3項）、最終的には裁判所による判断の機会が保障されている。

企促法に基づく私的整理手続の利用件数は以下のとおりであり、リーマンショック後の利用が見られたが、近時は利用件数がさほど多くないと指摘されている（注4）。

年度	開始	開始後の手続の進行状況			
		終了	中断	進行中	未確認
2008	5	1	4	0	—
2009	43	19	8	4	12
2010	35	15	10	3	7
2011	7	2	2	2	1
2012	15	7	5	1	2
2013	12	5	3	2	2
2014	3	1	2	0	—
2015	13	4	4	4	1
合計	133	54	38	16	25

2 回生手続の近時の実務動向

(1) 概要

まず、韓国の回生手続の近時の傾向としては、米国のチャプター11実務の影響を大きく受けているという点が挙げられる。事業再生実務が先行し、膨大な案件数に加え、先端的なスキームも考案されてきた米国の

（注4） 前掲（注3）文献（梨花女子大学産学協力団）参照。近年の利用件数については、金融委員会作成の「2021年金融委員会業務計画」によれば、2017年（32件）、2018年（25件）、2019年（20件）、2020年（8件）である。

チャプター11実務の影響を強く受けて、よい所を積極的に取り込もうとする点は、欧州（EU）や一部のアジアにおける近時の法改正と類似している（注5）。例えば、後述するとおり、倒産専門裁判所の創設、ストーキングホース方式のM&A手続の導入、プレパッケージ型回生手続の創設（P-Plan手続の導入）、ハイブリッド型再建手続、商取引債権保護の強化、DIPファイナンスの保護などである。さらに、ソウル回生法院と米国倒産裁判所の協調などもこの一環と見られよう。

また、倒産手続の効率化の観点からは、倒産専門裁判所の導入により案件処理の集中や知見・経験の蓄積を図っていること、倒産手続のIT化により事務処理の効率化が進んでいることも、日本にとって参考になる動向である。

さらに、韓国に特徴的な点として、回生手続の申立てから開始決定までの保全処分の期間を利用して、その間に私的整理の合意を成立させようという仕組み（自律構造調整支援（ARS）プログラム）がある。この点は日本にとっても、法改正ではなく既存の法制度を前提として実務運用の工夫として対応できる可能性があり、参考になるところである。

以下、それぞれ説明する。

（注5） なお、欧州では、EU Preventive Restructuring Directive（EU）2019/1023の発令により、加盟国は同EU指令に従った早期事業再生の制度を2021年7月17日までに国内法化することを義務づけられたが、同EU指令は米国のチャプター11手続を1つのモデルとしている（例えば、DIP型手続、オートマティックステイ、クラムダウン制度、DIPファイナンス保護制度の導入、倒産解除特約の無効の明文化など）。これを受けて、2021年10月1日現在、主要国でいうとドイツ、フランスおよびオランダが同EU指令に従った国内の倒産法制の改革を完了している。

また、アジアで言えば、シンガポールは、2017年会社法改正により、米国のチャプター11手続の特徴的な諸点（オートマティックステイ、DIPファイナンスに対するスーパープライオリティの付与、クラムダウン制度の導入、プレパッケージ型手続の導入、倒産解除特約の無効の明文化など）を、英国法を母法とする既存のscheme of arrangement（スキームオブアレンジメント）に導入した。

⑵　管轄裁判所の集中・倒産専門裁判所の新設

韓国ではまず、2016年５月29日に、ソウル中央地方法院の管轄権を拡大し、債務500億ウォン以上、債権者数300人以上の法人回生事件と法人破産事件一般について、全国的な管轄権を認めることにした。その結果、ゴルフリゾート会社の回生事件などで、ソウル中央地方法院を利用する事案が増えたとされる。

さらに、韓国では、2017年３月１日に、倒産専門裁判所としてソウル回生法院（Seoul Bankruptcy Court）を新設した。2021年現在で37名の裁判官が専門的に担当し、全国の法人回生、法人破産、個人破産、米国のチャプター13類似の個人回生事件のうち約40％程度を処理している。また、ソウル回生法院は、債権調査確定の査定および査定異議訴訟、否認訴訟も管轄することになっている（否認訴訟に関する単独事件の控訴審も管轄対象）。

⑶　倒産手続のIT化

韓国では、民事訴訟のIT化が倒産手続のIT化に先行したが(注６)、先行して開発された民事電子訴訟システムの基盤を利用して、2014年４月28日に、倒産電子訴訟（倒産手続のIT化）が導入された。ここでいう電子訴訟とは、①電子的訴訟書類管理（e-filing）、②電子的事件管理（e-case management）、③電子法廷の具現（e-courtroom）をいう。倒産電子訴訟のシステム・アプリケーションは、電子訴訟ホームページ、電子記録ビューア、電子決済システム、命令決定文作成管理システムなどから構成される。ただし、倒産手続の特性を考慮して、債権者表の管理、電子訴訟決裁の連携、倒産手続別の様式改善、個人回生弁済業務の性能

（注６）　2010年４月26日：特許電子訴訟を導入
2011年５月２日：民事電子訴訟を導入
2013年１月21日：家事および行政電子訴訟を導入
2013年９月16日：申請電子訴訟を導入
2014年４月28日：倒産分野に関して電子訴訟を導入
2015年３月23日：執行および非訟電子訴訟を導入

改善、事件中心の業務処理、不動産登記嘱託の連携、e-Post送達などに重点をおいて開発された。

電子訴訟のメリットとしては、以下の点が挙げられる。

・　記録アクセス（同時接続）・記録管理（膨大な記録の移動）・記録保存（永久保存、物理的空間の節約）の便宜性
・　記録検討の利便性（検索機能、記録ビューア構成の可読性、多重文書同時閲覧など）
・　文書提出・確認の利便性（当事者は、1日中いつでも文書提出が可能、提出された文書を即時に確認可能）
・　情報共有の強化（裁判所との意思疎通強化、裁判所の期日設定が携帯電話に連絡されるなど）

倒産電子訴訟の事件数は導入後著しく増加し、回生事件ではすでに定着していると評価されている。以下は、全国裁判所における新受件数（括弧内は電子訴訟の件数）である。なお、個人の破産や回生の場合は、代理人を選任しない場合も多く、電子訴訟に慣れてない人が多いため、電子訴訟の利用率が相対的に低いという事情がある。

区分	2014年	2015年	2016年	2017年	2018年	2019年	2020年
法人回生	873 （411）	925 （798）	936 （877）	878 （834）	980 （953）	1,003 （976）	892 （873）
一般回生	840 （399）	855 （728）	741 （695）	574 （545）	682 （649）	719 （694）	660 （636）
法人破産	539 （128）	587 （268）	740 （442）	699 （492）	807 （603）	931 （734）	1,069 （872）
個人破産	55,467 （1,029）	53,865 （2,476）	50,288 （4,275）	44,246 （6,185）	43,397 （12,560）	45,642 （16,981）	50,379 （23,051）
個人回生（注7）	110,707 （2,571）	100,096 （6,556）	90,400 （14,155）	81,592 （21,787）	91,205 （35,863）	92,587 （46,683）	86,551 （52,392）

⑷　ストーキングホース方式のM&A手続の導入

韓国では、2017年から米国チャプター11の実務で採用されているストーキングホースビッド（stalking horse bid）が導入された[注8]。日本のスポンサー選定実務においても一部利用されているところであるが、韓国版の概要は以下のとおりである。

① 裁判所が許可する公開入札（売却公告）を行う前に、債務者はあらかじめ、暫定的なスポンサー候補者（ストーキングホースと呼ばれる）との間で条件付譲渡契約を締結する。ストーキングホースの提示価格などの譲受条件は、債務者が選定した会計法人が当該債務者の企業価値の算定を終えた後に決定される。

② その後、裁判所の売却公告に従って公開入札を実施し、ストーキングホース以外の入札を広く募る。債務者の資金繰り状況をみつつ、入札参加者のデューディリィジェンス・応札是非の検討に必要な期間を考慮して入札期限が設定される。

③ 公開入札の結果、ストーキングホースが提示した譲渡条件を上回る条件を提示する入札参加者がなければ、ストーキングホースが最終譲受人として決定される。

④ 一方、ストーキングホースの提示条件を上回る入札参加者が現れた場合には（事例としては、後述のゴルフクラブレイクヒール順天の回生事件などがある）、ストーキングホースに対して、競合する入札参加者の入札条件を上回る提案をさらに行うかを判断する機会（優先買取権）を一回限り認めている。ストーキングホースがこの優先買取権を行使した場合には、一定のトッピングフィー（topping fee）[注9]

（注７）　個人の場合、無担保債務額が５億ウォン、または担保付債務が10億ウォンを超える場合、「個人回生」手続（債権者の同意不要、債務の免責には別途の免責決定が必要）ではなく、「一般回生」という法人回生手続（債権者の同意必要、回生計画の認可により免責および債権者の権利変更が可能）と類似の手続が適用される。

（注８）　米国チャプター11のストーキングホースビッドの実務については、大川友宏「M&A実務におけるリスク対応の潮流II（２・完）米国ディストレストM&Aと日本への示唆」商事法務 2144号（2017）42頁参照。

がストーキングホースから競合する入札参加者に支払われることになる(注10)。一方、競合する入札参加者がストーキングホースに競り勝って最終的な譲受人になる場合には、当該入札参加者がストーキングホースに対してブレイクアップフィー(breakup fee)を支払うことになる(注11)。なお、トッピングフィー(topping fee)とブレイクアップフィー(breakup fee)の金額は、裁判所があらかじめ定めた公式により告知される。

以上が概要であるが、管財人が裁判所にM&Aまたは資産の売却許可

(注9) なお、米国のストーキングホースビッドで言われるtopping feeとは異なる概念であることに留意が必要である。米国では、topping feeは通常、競合する入札参加者の譲受希望金額(prevailing bid)とストーキングホースの譲受希望金額(initial bid)との差額に一定のパーセントを乗じた金額を指しており、債務者から、競合する入札参加者(prevailing bidder)ではなくストーキングホース(initial bidder)に対して支払われる性質のものである。その性質はストーキングホースとの譲渡契約がクローズしなかった場合に支払われるブレイクアップフィー(break-up fee)の一種である。In re APP Plus, Inc., 223 B.R. 870, 874, 34 Bankr. Ct. Dec. (CRR) 1153, 42 Collier Bankr. Cas. 2d (MB) 964 (Bankr. E.D. N.Y. 1998) 参照。

(注10) 韓国のストーキングホースビッドの実務でいうトッピングフィー(topping fee)が支払われる根拠は、トッピングフィーが存在することにより、仮にストーキングホースがすでにいるとしても、可能な限り多くの入札希望者の参加を促して、それによって入札価格(ひいては債権者の回収率)の最大化を図ることにあるとされる。すなわち、ストーキングホースの提示価格よりも高い価格にて入札に応じた入札参加者が費した、外部専門家などのデューディリィジェンス費用などの実際の費用や、社内の検討に要した時間・コストなどは、ストーキングホースがさらに上回る価格の提示を望む限り、ストーキングホースが負担するというルールを設けるべきである、そして、このようなルールがあれば、入札参加者は、安心して専門家を雇ってデューデリジェンスを実施し入札を検討することができる、という政策判断が背後にある。ストーキングホースから見れば、トッピングフィーは、再び入札額を上げるために支払わなければならない再入場料のようなものである。

(注11) なお、米国のストーキングホースビッドで言われるブレイクアップフィー(breakup fee)は、債務者とストーキングホースとの間の譲渡契約上の債務者の支払義務であり、倒産裁判所の許可に基づいて債務者から支払われる。ただし、最終落札者の経済的負担において支払うため(=最終落札者が支払った譲渡対価から支払うため)、経済的には韓国の実務と相違はないと思われる。前掲(注8)文献参照。

を申請する前にストーキングホースとの間で譲渡契約を事前に締結する以外には、その進行において一般的なM&A又は資産の売却手続と相違がないので、韓国では随意契約と公開競争入札の長所を合わせたM&A方式であるとされている。これまで会員制ゴルフ場などの回生手続において利用されてきた実績があるが、2021年現在までの案件では全てストーキングホースが最終譲受人になったとのことである。

⑸　Pre-packaged Plan（P-Plan）手続の導入

債務者は、回生手続開始を申し立てる前に、債権者との間の申立前協議を通じて債権者が同意する内容の回生計画案をあらかじめ作成する。その上で、回生手続開始を申し立てることにより、裁判所は、短期間で回生計画案を認可することができる。これは韓国版のプレパッケージ型手続であり、P-Planと呼ばれるが、要件・手続は概要以下のとおり法定されている（債務者回生法223条）。

① 負債総額の２分の１以上の債権者の同意を得た債務者は、回生手続開始決定に先立って、「事前回生計画案」（prior rehabilitation proposal）を提出することができる（同条１項）。また、負債総額の２分の１以上の債権者も同様に事前回生計画案を提出することができる（同条１項）。

② 裁判所は、提出を受けた事前回生計画案を利害関係者による閲覧の用に供さなければならない（同条２項）。

③ 債権者（事前回生計画案を提出した債権者を除く）は、関係人集会の開催日または書面決議の場合には裁判所が決定した日まで、事前回生計画案について、裁判所に対して、書面にて賛成の意思を表明することができる（同条３項）。賛成の意思を表明した債権者は、関係人集会または書面決議にて賛成した旨の議決権を行使したとみなされる（同条７項・８項）。

P-Plan手続のメリットは、回生手続の開始決定に先立って、可決要件の見通しが相応に立つということである。回生手続の可決要件（債務者回生法237条）は、日本の会社更生法に近く、①回生債権者の議決権総額の3分の2以上の賛成（1号）、②回生担保権者の議決権総額の4分の3以上の賛成（2号(a)）（ただし、清算または事業譲渡などを内容とする計画案の場合には5分の4以上の賛成（2号(b)））、である。このようにP-Plan手続の利用要件（負債総額の2分の1以上）と可決要件は一致していないため、可決要件をP-Plan手続の利用申立ての時点で満たしている必要まではない。これは、申立て前に実際に決議して可決要件まで満たすことになる米国のプレパッケージ型チャプター11（プレアレンジ型またはプレネゴシエイティド型とは異なることに留意）とは異なる点である。また、事前に債権者と合意するといっても、申立て前にすでに議決権を行使済みという法律構成ではない(注12)。

利用実績としては、これまで会員制ゴルフ場などの回生手続において利用されてきた実績がある。また、前述のストーキングホース方式とP-Plan手続を結合した方式も利用されている。すなわち、債務者が、主要債権者の同意の下、申立て前にストーキングホースとの間で条件付譲渡契約を締結し、ストーキングホースへの譲渡を内容とする事前回生計画案を、回生手続の申立てと同時に裁判所に提出すると、裁判所が、P-Plan手続を通じて事前回生計画案を認可し、早期終結を迎えることができる。

P-Plan手続の期間であるが、例えば、以下の2つの回生事件では、回生手続開始決定から回生計画案認可決定までの期間はそれぞれ46日間、51日間であった(注13)。

(注12) 米国のプレパッケージ型チャプター11の実務については、小林信明・大川友宏「米国におけるプレパッケージ型チャプター11の実務」松川正毅編集代表『木内道祥先生古稀・最高裁判事退官記念論文集・家族と倒産の未来を拓く』（金融財政事情研究会、2018）743頁参照。

(注13) 金永根「ストーキング・ホース・ビッドを利用した韓国回生手続の事例――P-PLAN（プレパッケージ型事業再生）との結合」事業再生と債権管理162号（2018）159-163頁参照。同文献には、ストーキングホースビッド方式を利用した手続の流れが記載されており、また、本文記載のゴルフクラブレイクヒール順天の事例以外に、ストーキングホースビッドを利用した（がP-Planは利用していない）事例の概要も紹介されている。

【ゴルフクラブレイクヒール順天（P-Plan手続＋ストーキングホース方式のM&A）】

2018年2月9日	債務者は、Woori銀行など主要債権者との協議を経て、P-Plan手続を申し立てた（資産総額約932億ウォン／負債総額約1,948億ウォンの事案）。
2018年3月2日	債務者は、ストーキングホースとしてゴルフゾンカウンティを選定する内容（700億ウォン）の事前回生計画案を、債権者リスト・債権者同意書とともに、裁判所に提出。
2018年3月5日	回生手続開始決定（管財人不選任決定（DIP型））
2018年3月6日	売却公告（ストーキングホースビッドであることを明記）
2018年3月30日	Gang Dongコンソーシアムが730億を提示。
2018年4月4日	ストーキングホースであるゴルフゾンカウンティが730億1万ウォンを再提示。
2018年4月6日	ストーキングホースであるゴルフゾンカウンティが最終買主に選定される。
2018年4月20日	事前回生計画案認可決定

【ゴルフクラブ揚平TPC（P-Plan手続。スポンサー型ではなく自主再建型)】

2017年11月頃	債務者は、Woori銀行など主要債権者との協議を経て、第三者（Yuanta証券）から、回生計画の認可を条件に、600億ウォンの貸付確約（Letter of Commitment）を取得（資産総額1,559億ウォン／負債総額約1,273億ウォンの事案）。
2018年3月13日	債務者は、回生手続開始の申立てと同時に、事前回生計画案を提出（P-Plan手続の申立て）。
2018年3月21日	回生手続開始決定（管財人不選任決定（DIP型））
2018年4月26日	事前回生計画案の説明のための関係人説明会を開催。
2018年5月11日	事前回生計画案認可決定

(6)　自律構造調整支援（ARS）プログラムの導入

私的整理（out-of-court workout）と法的整理（in-court restructuring）の長所を結合した融合型の回生手続として、自律構造調整支援（ARS：

Autonomous Restructuring Support）プログラムが2018年９月に導入された。日本の法律家からすると、ARSプログラムとは、申立てから開始決定までの保全処分の期間を利用して、保全処分のメリット（弁済禁止効）を享受しつつ、その間に債務者と債権者との間で私的整理の合意を成立させようとするもの、と言えばイメージしやすいと思われる。

ARSプログラムの目的は、債務者は、回生手続の申立てと同時に裁判所にいったん包括的禁止命令や弁済禁止の仮処分などを発してもらい、この間に債権者と交渉する機会を与えようという点にある。ARSプログラムの根拠規定は2016年に改正された債務者回生法39条の２（回生手続の進行に関する裁判所の監督など）であり、同条は回生手続の進行について裁判所に広範な裁量を与えている。裁判所には、同条の権限に基づいて個々の事案に応じて適切な判断をして、債務者と債権者の間の私的整理の合意形成を支援することが期待されている。

具体的には、回生手続の開始の申立てをした債務者または債権者がARSプログラムの利用意思を表示した場合には、裁判所は、主要債権者と債務者などの利害関係人から構成される「回生手続協議会」を招集し、その意見を聞いて保全処分の内容を決定する。そして、裁判所は、債権者委員会の意見を別途聴取した上で、回生手続開始決定を保留する旨の決定（回生手続開始可否保留決定）を発する。可否保留期間は１か月ごとの延長決定により最大６か月とされている。裁判所は、債務者が通常どおり事業を遂行できるよう、弁済禁止の保全処分をしないかまたは保全処分により弁済禁止となる債権から商取引債権を除外する決定をする（後者は日本の実務でいういわゆる「保全の穴開け」である）。裁判所のこれらの支援措置により、債務者は、従前と同様に商取引債権を弁済しつつ通常どおりの営業を行う一方で、主要債権者との間で協議を進める。協議で合意が成立すると（ただし、私的整理であるため、権利変更の対象となる債権者全員の同意が必要となる）、債務者は、回生手続開始の申立て自体を取り下げることになる。他方で、仮に協議で合意が成立しなければ、裁判所は回生手続開始の決定をすることになるが、その場合にも債権者の2分の1の同意がある事前回生計画案があれば、前述のP-Plan手続を活用して、回生手続を迅速に進行させることができる。

利用実績としては、自動車部品メーカーのダイナメクの回生事件（2018年9月）を契機として複数の事件での利用が報告されている。

⑺ ハイブリッド型再建手続

以上のとおり、韓国では近時、ストーキングホース方式のM&A、プレパッケージ型手続（P-Plan手続）、自律構造調整支援（ARS）プログラムが導入された。その結果、これらの手続を融合したハイブリッド型再建手続を利用する事例が出てきている。例えば、前述した事例（ストーキングホース方式のM&A＋P-Plan手続）以外には、近時では以下のドンイン光学会社の回生事件（ARSプログラム＋P-Plan手続）などがある（注14）。

【ドンイン光学会社（ARSプログラム＋P-Plan手続）】

2018年10月1日	ソウル回生法院に回生手続の申立て。ARSプログラムを希望。
2018年10月5日	ソウル回生法院は、保全処分・包括的禁止命令を発令。
2018年10月22日～2019年3月15日	回生手続協議会を開催するものの、合意に至らず。
2019年5月2日	事前回生計画案の提出
2019年5月7日	回生手続開始決定（P-Plan手続）
2019年6月19日	回生計画案認可決定
2019年7月11日	回生手続終結決定

⑻ 商取引債権保護の強化

その他、2016年の債務者回生法改正時に、債務者が回生手続の申立て後も商取引の継続を通じて、資金確保および営業の継続性を確保できる

（注14） その他の事例については、前掲（注2）文献（Hyo Jong Choi弁護士の「ハイブリッド方式の企業再建事例の検討および展望」）参照。

ようにすべく、商取引債権の保護が強化された。

具体的には、第1に、米国のチャプター11の規定に倣って、回生手続開始の申立て前20日以内に、債務者が継続的かつ正常な営業活動として供給を受けた物に対する支払請求権を共益債権とした（179条1項8号の2）。これは米国連邦倒産法503条b項9号の規定と同趣旨のものであり、危機時期におけるサプライヤーとの取引継続交渉を容易にするものである。すなわち、債務者が危機時期に陥ると、サプライヤーは、買掛サイトの短縮や、もっと言えば、現金取引・即時払い（オンデマンド払い）、前金・保証金の事前支払を求めてくることがしばしばあるが、「法的整理下では申立てから20日前以内の商取引債権であれば共益債権となる」というルールがあれば、サプライヤーから極端な要求はなくなり、債務者の資金繰りの見通しもしやすくなる。

第2に、2016年改正時に、計画認可決定前に回生債権の弁済許可ができる事由を次のとおり緩和した。まず、中小企業の少額債権の弁済許可であるが、従前は回生債務者の取引相手方である中小企業者がその保有する少額債権の弁済を受けなければ「事業の継続に著しい支障を来すおそれがあるとき」とされていた規定を、「著しい」という文言を削除し「事業の継続に支障を来すおそれがあるとき」に緩和した（132条1項）。これは、同趣旨の規定が日本の民事再生法85条2項、会社更生法47条2項にあるが、日本では「著しい」要件が課されていることと対照的である。次に、事業上必要不可欠な債権の弁済許可であるが、従前は「回生債権を弁済しなければ債務者の回生に著しい支障を来すおそれがあるとき」とされていた規定を、「回生債権の弁済が債務者の回生のため必要であると認めるとき」に緩和した（132条2項）。これは、同趣旨の規定が日本の民事再生法85条5項後段、会社更生法47条5項後段にあるが、日本では債権の少額性および「著しい」要件が課されていることと対照的である。

第3に、2016年改正時には、計画認可要件の1つである債権者間の衡平との関係で、衡平に反しない事由として「債務者の取引相手方である中小企業者の回生債権に対して、その事業の継続に著しい支障を招来するおそれがあり、他の回生債権に優先して弁済するとき」が追加された(218条1項3号)。

以上のとおり、韓国では、商取引債権の保護を通じて法的整理下での事業価値毀損リスクをできるだけ回避しようとする姿勢が明確になってきている。

(9) DIPファイナンスの保護

2020年の債務者回生法改正によって、DIPファイナンスはより一層保護されることになり、財団債権の中でも上位の順位が与えられることになった。すなわち、DIP レンダーが裁判所の許可を得た上で債務者の回生手続開始の申立て後に融資した場合において、その後に回生手続が破産手続に移行したときは、DIPレンダーのローン債権は財団債権として扱われ、賃金債権や退職金債権を除く他の財団債権よりも優先されることになった(477条)。DIPファイナンスは、2009年の法改正により、米国チャプター11のスーパープライオリティに倣って、回生手続下においては共益債権の中でも最上位の共益債権として扱われていた(180条7項)。しかし、2020年法改正前においては破産手続に移行すると他の財団債権と同順位に扱われることになるため、財団不足の場合には他の財団債権とのプロラタ弁済になってしまうという難点が指摘されていた。そこで、DIPレンダーにさらなる安心を与えてDIPファイナンスの提供により事業再生を促進すべく、米国チャプター11のスーパープライオリティにより近づけて、牽連破産時においてもDIPファイナンスに財団債権の中でも最優先の順位を与えるべきという声が多く、2020年の法改正に至ったものである。もっとも、DIPファイナンスは賃金債権や退職金債権に対する優先権を有しておらず、これらの財団債権と同順位の扱いであるため、米国チャプター11におけるスーパープライオリティ(最上位優先権)とまではなっていない点は留意する必要がある。

⑽ 日本への示唆

世界的に見れば、事業再生手続とはリストラクチャリングを実施するための道具箱（toolbox）という位置づけであり、債務者のニーズ（より使いやすい早期事業再生手続）・債権者のニーズ（適切な債権者の保護）双方に合致した事業再生手続（ツール）の各国間国際競争が現在行われている（例：財務リストラクチャリングを実施するためにどの国のどのツールを利用すべきかなど）。日本企業の国際化に鑑みれば、日本も本来このような動きから無影響ではいられないが、米国のチャプター11を意識した韓国の度重なる法改正や実務運用の改善は日本の倒産法や実務運用の今後のあり方にとっても参考となる視座を提供していると思われる。また、ARSプログラムは、法改正に至らずとも、実務対応（保全処分の活用）で対応できる可能性を示唆しており、日本の実務にも参考になるところである。

3 国際倒産（承認援助手続）

⑴ 承認援助手続

韓国では、2016年の債務者回生法改正時に、先行して国内法化された日本の「外国倒産処理手続の承認援助に関する法律」（外国倒産手続承認援助法）を参考にしつつ、UNCITRALモデル法（UNCITRAL Model Law on Cross-Border Insolvency（1997））を採用した[注15]。ただし、日本のように別個の法律を新たに制定したわけではなく、債務者回生法の規定の中に組み入れた形になっており（債務者回生法第5章）、条文数も多くはない（628条〜642条）。

日本の外国倒産手続承認援助法との大きな違いは、日本には規定がないが、UNCITRALモデル法には規定されている「裁判所間の司法共助」を導入している点にある。実際、ソウル回生法院には、以下のとおり、他国の倒産裁判所と積極的に協働しようとする姿勢が明確に見られる。

（注15） 韓国の国際倒産の概要については、Chiyong Rim “Cross-Border Insolvency Law in Korea”（Korea Legislation Research Institute Journal of Law and Legislation, 2019, vol.9, no.2）参照。

① まず、ソウル回生法院は、2018年4月23日、ニューヨーク州南部地区連邦倒産裁判所（U.S. Bankruptcy Court for the Southern District of New York）との間で裁判所間の協調に関する基本合意（Memorandum of Understanding）を締結した(注16)。

② 次に、ソウル回生法院は、2018年5月16日、シンガポール大法院との間で、同様の基本合意（Memorandum of Understanding）を締結した(注17)。

③ さらに、ソウル回生法院は、倒産裁判所の国際ネットワークであるJudicial Insolvency Network（通称JIN）に加入し、2018年6月にGuidelines for Communication and Cooperation Between Courts in Cross-Border Insolvency Matters（一般にJIN Guidelinesと呼ばれる）を、2019年7月にModalities of Court-to-Court Communication（裁判所間のコミュニケーションの様式）を、それぞれ採択した(注18)(注19)。

⑵ これまでの実績

承認援助手続の事例は、2018年12月31日までで、合計23件（米国、日本、オランダ、英国、香港、フィリピン）である。裁判所間の協調の例として特徴的な事案を以下に記載する。

(注16) 基本合意の内容は以下の各リンクからダウンロード可能である（2021年10月現在）。
https://slb.scourt.go.kr/rel/common/doc/nysb_eng.pdf
https://www.nysb.uscourts.gov/sites/default/files/MOU_SDNYBK_SBC.pdf

(注17) 基本合意の内容は以下のリンクからダウンロード可能である（2021年10月現在）。
http://slb.scourt.go.kr/rel/common/doc/sg_eng.pdf

(注18) ソウル回生法院が採択したJIN Guidelinesおよびプラクティスルールは以下のリンクからダウンロード可能である（2021年10月現在）。
https://slb.scourt.go.kr/rel/common/doc/jin_eng.pdf
http://slb.scourt.go.kr/rel/information/qna/practice_rule.pdf

(注19) ソウル回生法院が採択したModalities of Court-to-Court Communicationは以下のリンクからダウンロード可能である（2021年10月現在）。
https://slb.scourt.go.kr/rel/common/doc/modalities_eng.pdf

① 2014年の事例。米国のチャプター11手続（Eastern District of Virginia）に関連して、ソウル中央地方法院に対して韓国内資金の米国への送金許可申請があった。ソウル中央地方法院は米国の倒産裁判所に対して共助を要請して、協議の上で、韓国債権者がチャプター11手続に参加できる十分な機会が保障されていることを確認し、送金を許可した。

② 2016年の事例。リーマンブラザーズインターナショナル（ヨーロッパ）の外国管財人から、ソウル中央地方法院に対して、韓国内の資産（200億ウォン以上）を英国の会社管理手続（administration）およびスキームオブアレインジメント（scheme of arrangement）が係属しているイギリスに送金する旨の許可申請があった。ソウル中央地方法院は、英国裁判所と協議し、韓国債権者がこれらの手続で十分に保護されていることを確認の上で、外国管財人に韓国内の業務および財産管理を命じ、送金を許可した。

③ 2017年の事例。韓進海運（債務者）は韓国にて回生手続が係属していたところ、米国（ニュージャージー州）では同回生手続を外国主手続とするチャプター15手続が係属していた。共益債権を有すると主張する米国所在の債権者が、ソウル回生法院の許可した債務者の米国所在資産の売却についてチャプター15手続にて異議を申し立てた。米国裁判所は、米国連邦倒産法1525条を根拠として、ソウル回生法院の担当裁判官との電話会議を希望し、債務者の代理人を通じたセッティングにより、約1時間、電話会議を実施し、韓国の裁判官に対して債務者回生法上の共益債権の取扱いなどを問い合わせた（韓国時間の午前中に実施され、破産部の裁判官が通訳した。米国のチャプター15手続では電話会議のレコーディング記録がその後訴訟記録にアップロードされた）。米国裁判所は電話会議後、債務者所有の米国所在財産の売却代金を韓国に送金することを許可した。その他オーストラリアの裁判所が韓進海運事件の進捗について問い合わせ、ソウル回生法院がこれに回答したこともあった。

【Part 1】アジア各国における事業再生の最新状況

2　インド

弁護士　高井伸太郎
弁護士　鈴木多恵子

1　インドの基礎知識

インドは、日本の約10倍の人口・面積を有する多民族、多言語、多宗教国家である。旧宗主国英国の影響を受けたコモンロー法体系のもと、世界最大の民主主義国の伝統と、独立した司法を背景に、新興国の中では比較的発達した法制度を有する。日印の経済関係も強固で、日系企業の進出も1400社以上に達している。

2　破産倒産法制定の経緯

現在の破産倒産手続基本法である破産倒産法(Insolvency and Bankruptcy Code, 2016）が2016年末に施行される以前は、インドにおいては、倒産基本法は存在しなかった。財務状態が悪化した会社の再建については、疾病産業会社法（The Sick Industrial Companies（Special Provisions）Act, 1985)（以下、「SICA」という）が、会社の清算（Winding-up）については、会社法が規定を置いていた。そのほかにも、倒産関連の法令としては、金融機関が債権回収審判廷（Debt Recovery Tribunal）に債務者管理人(receiver）の選任を求めて債権回収を行う手続に関する銀行および金融機関に関する債権回収法（The Recovery of Debts Due to Banks and Financial Institutions Act, 1993）や、銀行または金融機関等である担保付債権者が担保権を実行する場合の方法・手続に関する金融資産証券化・復興および担保執行法（Securitization and Reconstruction of Financial Assets and

Enforcement of Security Interest Act, 2002）といった法令が、個別に適用範囲等を異にして存在していた。

しかし、個々の法令に基づく手続は長期化等の理由で十分に機能しておらず、また、法制度相互の体系的整備がなされず複数の倒産手続が並行して係属することも少なくなかった。この点は、外国投資を呼び込むうえでのインドのビジネス環境改善の観点からも問題視され、倒産基本法の立法の必要性が長年議論されてきたところ、2016年末にようやく破産倒産法が施行された。同法は、インドの法体系が英国コモンロー体系に依拠し、上記の個別法令も英国の類似法令を参照して制定されたものが多いことから、英国の倒産法制を主に参照したとされるが、インド独自の制度も多数取り入れている。

3　法制の特徴

(1)　破産倒産法の主な特徴

(i)　適用業種

SICAは特定の業種の会社のみ（主として製造業）を対象としていたが、破産倒産法は、業種を問わず（サービス業も含む）広く会社組織に適用される。現時点では未施行であるが、今後パートナーシップや個人に対しても適用される建付けとなっている。

(ii)　専門審理機関と専門家の設置

破産倒産法は、統一的な倒産法制として制定されたことから、再生から清算まで倒産手続を扱う専門機関として、手続の迅速化も意図して新たに会社法審判所（NCLT：National Company Law Tribunal）が設立された。また、管財人となる人材のプールとして倒産専門家（Insolvency Professional）制度が設立された。倒産専門家となるには、倒産事案に関し財務、会計、法律等の専門知識を有し（多くは会計士や弁護士資格者である）、所定の試験に合格することが必要である。

ⅲ　申立要件

SICAは、純資産（networth）の毀損を申立て要件としていたが、破産倒産法は1000万ルピー（約1500万円）以上の債権の不払（デフォルト）を申立て要件として定め、手続開始に際して純資産の毀損の判断を要しないこととなった。これにより、インドでは、債権者が債務者に対して破産倒産法に基づく申立てを行い、支払を受けたら申立てを下げる（または、一定期間内に支払わなければ申立てする）として、債権回収の手法としての活用が活発である。

ⅳ　手続期間の法定

SICAの手続は長期化が散見されていたことを受け、破産倒産法は、手続の迅速化を図ることを主目的とし、原則として開始決定から180日以内に債権者委員会が再建計画案を承認して会社法審判所に提出されなければ、清算手続に移行する。ただし、90日間の延長が１回に限り許容される。また、2019年改正法により、再生手続に関して争いがあり、法的手続が係属している場合には、当該手続に要する期間を含めて、開始決定から最長330日まで延長が可能とされた。

⑵　手続の特徴と流れ

日本の倒産法制とは異なり、申立て段階で再建型手続と清算型手続の選択は行われない。申立人は、会社再建手続の申立てを行い、一定の期限を設けて再建が奏功しなかった場合には、前述のとおり、清算手続に移行するという建付けとなっている。

ⅰ　申立権者

債務者が前述の「デフォルト」に陥った場合、①金融債権者（financial creditor）、②商取引債権者（operational creditor）、および、③当該債務者自身が、会社再建手続の申立てを行うことができる。金融債権者とは、金融機関自体である必要はなく、借入れなどに基づく金融債権を承継した者を含む。したがって、貸付債権の譲渡を受けた者や、借入債務を主債務とする保証義務を履行し、借入人に対する求償権を取得した保証人も金融債権者として扱われる。

(ii) 開始決定と保全命令

会社法審判所は、申立事件について開始決定を行った場合には、合わせて保全命令、公告、暫定管財人（interim resolution professional）の選任を行う。保全命令には、債務者に対する訴訟提起の禁止、判決や仲裁判断の執行を含めた訴訟等の中断、債務者による資産処分等の禁止、担保権実行の禁止等が含まれる。なお、日本法でいう別除権に相当する概念はなく、担保権者は、手続外で担保権の実行を行うことはできない。手続中の弁済を受けるためには、担保権者であっても、債権者委員会の承認が必要である。

日本では、破産手続開始決定前の保全処分が認められているが、破産倒産法では、申立てから開始決定前の間に債務者の財産を保全するための手当ては定められていない(注1)。また、会社法審判所は、申立てから2週間以内に開始決定を行うか否かを判断するが、当該2週間の期限は目安にすぎないと解され、施行後の申立て案件の増加により当該期限はもはや実際には遵守されていない。ただし、2019年の改正法は、会社法審判所は、2週間以内に開始決定の判断が行えない場合にはその理由を記録する義務を定め、理由なき開始決定の遅延を防ぐ手当てを行っている。

(iii) 暫定管財人選任と職責

会社法審判所は、手続の開始決定後14日以内に暫定管財人を選任しな

（注1） したがって、理論的には、申立て後開始決定までの間に、債権者は強制執行等により債権回収を図ることができるが、実務的には裁判所を通じた権利執行には長期の時間を要するため、開始決定までの間に強制執行等により回収することは困難である。

ければならない。債務者または金融債権者（financial creditor）が申立人の場合には、暫定管財人の候補者の氏名等を申立て時に提出することになっており、欠格事由等のない限り会社法審判所は原則として当該候補者を暫定管財人として選任する。一方、商取引債権者（operational creditor）が申立人の場合には、暫定管財人の候補者の氏名等を提出することは必須ではなく、候補者の氏名等が提出されていない場合、会社法審判所は、破産倒産法下で倒産専門家の独立と専門性維持を目的とする監督組織である破産倒産委員会（Insolvency and Bankruptcy Board of India）に照会し、その推薦を受けて暫定管財人を選任する。

暫定管財人は、選任と同時に会社の資産の管理処分権を含む経営権を取得する。これは債務者のマネージング・ディレクターや取締役会の権限が剥奪されることを意味し、強力な効力といえる。このため、一般の民事裁判制度を経ての手続に極めて長期の時間を要することを背景として、インドの破産倒産法は、任意支払へのプレッシャーをかける有効な手段として債権回収手法としても活用されている。

暫定管財人の基本的な職責は会社資産の価値の保全にあり、その任期も最長30日に限定されている。暫定管財人は、就任後、会社の通常業務を継続させつつ、今後の手続に必要な会社の各資産に関する情報を収集し、また、債権者からの債権の届出を受理する。そのために暫定管財人は会社の役職員の協力を求めることができ、さらに、会計士、弁護士その他の外部専門家の起用、暫定的な資金調達を行う権限も明示的に規定されている。また、債権届出を受けて債権者委員会を組成することもその職責の１つである。

ⅳ　債権者委員会の組成

債権者委員会は、暫定管財人の職務を引き継ぐ管財人の選任（もっとも、多くの事案では同一人物が就任する）や、再建計画案の承認等の手続を通じて重要な役割を担う。債権者委員会は、暫定管財人が、債権届出を検討、判断したうえで組成される。債権者委員会は原則として債務者のうち、すべての金融債権者で構成される。

債権者委員会における意思決定は、債権額ベースで66%の多数決で決せられる（破産倒産法施行当時は75%の多数決であったが、法改正により、原則として債権額ベースで過半数、再建計画案の承認といった一定の重要事項については66%の多数決となった）。そのため、1000万ルピー以上の債権の不払があり、手続開始の申立てを行うことができたとしても、債権者委員会において多数を占めることができない場合には自己の意思を反映する方法で手続に積極的に関与することはできないことになる。債権者委員会は再生計画案の提案など積極的に手続に関与することが多い。さらに、再建計画案が所定の期間内（原則、手続開始から180日以内）に債権者委員会の承認を受け会社法審判所に提出されなかった場合には、清算手続に移行し、その事業の継続が困難となり弁済率の低下の可能性が生じるなど、ダウンサイドリスクについても注意を払う必要がある。

(v) 再建計画案策定に向けた手続

再建計画案の策定のためには、前提として再建債務者自体の情報や債権債務関係に関する情報が必要となる。暫定管財人および第1回の債権者委員会で選任される管財人（resolution professional）は、インフォメーション・メモランダム（information memorandum）を作成し、債権者委員会の各委員および申立人に提供する。

(vi) 再建計画案の策定

再建計画案においては再建の実行のための措置として、例えば、資産の譲渡・売却、株式譲渡、合併、債務の支払猶予、債権カット、債務の株式化が含まれる。また、再建計画案には、手続費用（優先弁済の対象となる）、清算価値相当分に係る弁済原資を明記しなければならない。さらに、再建計画の期間および実行スケジュール、当該期間中の再建債務者の経営体制ならびに再建計画実行の監督方法も必要的記載事項である。

なお、判例上、債権者平等の原則が適用されるのは同分類の債権者間のみであって、異なる債権者分類間、すなわち金融債権者と商事債権者との間の平等を維持するかは債権者委員会の判断に委ねられているとされる（Essar Steel最高裁判例）。この点は、金融債権者のみが債権者委員会を構成することと合わせ、インドの破産倒産法の大きな特徴の1つである。

管財人は、提出された再建計画案が、必要的記載事項を満たしているか、内容が法令に抵触していないか、その他破産倒産委員会の指定する要件を充足しているかを審査し、再建計画案を債権者委員会に提出する。

(vii) 再建計画案の承認および認可

債権者委員会は提出された再建計画案を債権額ベースで66％以上の多数決で承認する（必要に応じて原案を修正のうえで承認されることがある）。管財人は債権者委員会の承認を受けた再建計画案を会社法審判所に提出し、会社法審判所が再建計画案が法定記載要件等を満たしていることを確認できた場合はこれを認可し、それにより再建計画の利害関係人に対する拘束力が生じる。なお、会社法審判所の審査は原則として形式要件の審査であるが、コモンローの法体系のもと、同一分類に属する債権者間の弁済の配分に係る衡平（equity）の見地から会社法審判所が再建計画案の修正を求めることもあり得る。

所定の期間内に再建計画案が会社法審判所に提出されなかった場合、または会社法審判所が再建計画案を却下した場合、手続は清算手続に移行する。

4 実務運用の特徴と今後の展開

正味3年しか経過していない実務はまだまだ流動的で、インドにおける独特な運用の蓄積と頻繁な法改正を経て発展途中にある。

その運用において特徴的であるのは、商事債権者からの再建申立てが非常に多い点である。直近での統計データは不見当であるが、2019年ま

期間 (年度または四半期)	新規手続開始数	終件事由				係属件数
		上訴	*取下げ	計画承認	清算移行	
2016-17	37	1	0	0	0	36
2017-18	706	93	0	20	91	538
2018-19	1152	149	96	80	305	1060
Apr - Jun, 2019	301	51	32	26	96	1156
Jul - Sep, 2019	588	57	50	34	156	1447
Oct - Dec, 2019	628	112	60	42	153	1708
Jan - Mar, 2020	444	93	56	39	136	1828
Apr - Jun, 2020	84	12	27	20	26	1827
Jul - Sep, 2020	95	25	34	33	81	1749
Oct - Dec, 2020	104	8	23	23	82	1717
合計	4139	601	378	317	1126	—

2020年12月末までの統計

出典：The Quarterly Newsletter of the Insolvency and Bankruptcy Board of India, October -December, 2020, Vol. 17

での統計を踏まえると、現在も申立てのうち７～８割は商事債権者によるもので、申立直後の弁済または和解の成立により開始決定前にそのうち７～８割が取り下げられているとのことである。

再建手続開始決定後に関する直近の統計は、上記の表のとおりである。興味深いのは、手続開始後に再生計画承認に至るのは８％にも満たず、（再生計画不承認による）清算移行が27％に上っている点である。また、申立者別でみると、約50％は商事債権者、約43％は金融債権者、約７％が債務者によるものであるが、開始決定後の取下げ（債権者委員会の９割の承認により認められる）が、再建計画承認の比率を上回る約９％となっていることは、商事債権者が、再建ではなく債権回収目的で申立てを行っているケースが多いことの証左である。

コロナ禍を受けた法改正で、2020年第二四半期から新規申立ては減少するも、依然バックログは多い（約1700件）。このうち約1400件は、すでに開始決定から270日を経過しているとされる。インド準備銀行の統計によれば、再建手続終結には平均433日を要するとのデータもあり（Reserve Bank of India, Financial Stability Report, Issue No.22による）、手続の迅速性の確保が課題となっている。

まだ実務は流動的で課題も多いが、グループ会社倒産手続や、外国倒産手続の承認手続、英国を中心とする諸外国の制度を模した pre package 型再生手続の導入などが検討されるなど、国際標準化に向けた意欲的な取組みが行われている。

【Part 1】アジア各国における事業再生の最新状況

3 シンガポール

弁護士 和田 正
弁護士 松本 渉

1 はじめに(注1)

(1) シンガポールの倒産・事業再生に関する法制度・実務

旧英国植民地であり現在でもイギリス連邦（コモンウェルス）の加盟国であるシンガポールは、法体系としてはコモン・ロー体系に属し、とりわけ旧宗主国たる英国法の影響を強く受けているが、同国における倒産・事業再生分野の制度・実務の特徴としては、差し当たり以下の点を指摘することができる。

① 倒産・事業再生分野の制度においても英国法との類似点が多数見られる。その一例としては、英国法特有の制度であるScheme of Arrangementがシンガポールでも事業再生の一般的な手法として用いられていることや、会計的バックグラウンドを持ったInsolvency Practitionerという専門家資格が存在する点などが挙げられる。

② シンガポールにおいては、東南アジアの金融・経済におけるハブという特性から、伝統的に国境をまたぐ債務整理案件も多い。加えて、シンガポールは国際仲裁の分野などでもアジアにおけるリーガ

(注1) 本稿の作成に当たっては、Allen & Gledhill法律事務所のAlexander Lawrence Yeo弁護士およびTay Yong Seng弁護士の多大なる協力を得た。この場を借りて感謝の念を述べたい。なお、本稿におけるシンガポールその他の外国における制度および実務に関する記載は、当該国の法律専門家としての専門的な立場に基づくものではなく、筆者らの個人的な見解であることに留意されたい。

ル・サービスのハブとなることを志向しているが、同様の傾向は事業再生の分野にも看守できる。

③　司法のデジタル化がいち早く進んでおり、事業再生の手続についても大部分が電子化されている。裁判所の記録はe-litigationと呼ばれるプラットフォームで管理されており(注2)、法的整理手続の申立てや債権届出、記録の閲覧等をオンライン上で行うことが可能である。

⑵　事業再生に用いられる主要な法的手段

シンガポールにおける法人の事業再生における手続は、①Judicial Managementおよび②Scheme of Arrangementに大別される。その他、広義の倒産手続としては、債権者による担保実行の手段としてのReceivershipや、清算型のWinding-up等が存在するが(注3)、ここでは、上記①Juridical Managementおよび②Scheme of Arrangementの特徴を述べる。

①　Judicial Management：裁判所によりJudicial Managerが任命され、会社経営に関する権限を付与される非DIP型の手続である。債権者集会において、Judicial Managerが作成した再建計画案について頭数および債権額の双方で過半数の賛成が得られれば当該計画案が承認される。債権者・債務者のいずれも申し立てることが可能であるが、非DIP型であるため債務者側から申し立てられることは稀

（注2）　https://www.elitigation.sg/_layouts/IELS/HomePage/Pages/Home.aspx

（注3）　Receivership制度は、担保目的物を継続企業として売却する方が高い回収率が見込める場合などには、実際上事業再生のための制度として機能することがある。このことは旧宗主国である英国でも同様であったが、Receivership制度はfloating charge権者の利益保護のためにReceiverが債務者会社の事業を管理する事に主眼が存するため、事業再生制度を全債務者の利益のための手続にするべく、2000年代初頭の倒産法制の改正によってReceiverの権限が制約された結果、Receivership制度の利用が減少したとの経緯がある。これに対し、シンガポールでは上記のような改正がなされておらず、同制度は現在でも一般的に用いられている（英国における同制度の変遷につき、中島弘雅「イギリスの事業再生とReceivershipの果たした役割」専修ロージャーナル16号〔2020〕91頁）。

であり、債権者側から申し立てられることが多い。その結果、事業の再生そのものよりも債権回収の最大化に重点が置かれることが多いとも言われる。Judicial Managementには、個別権利行使の禁止効（以下、本稿において当該禁止効のことを「Moratorium」という）が認められている。

② Scheme of Arrangement：裁判所の監督の下に債務者が手続を進行するDIP型の手続である（注4）。債権者集会において、債務者が作成した再建計画案について債権者の頭数の過半数および債権額の4分の3以上の承認を得た上で裁判所の承認を得ることで当該計画案が成立し、当該計画案に沿って債務の内容が変更される。Scheme of Arrangementは債務者からの申立てのみが認められており、債権者が申し立てることはできない。英国にもScheme of Arrangementが存在するが、英国との重要な差異として、Moratoriumが制度上正面から認められている点が挙げられる（注5）。

【図表1】Judicial ManagementとScheme of Arrangementの異同

Judicial Management	Scheme of Arrangement（SOA）
• 裁判所によりJudicial Managerが任命（管財人型）	• DIP型
• 再建計画について債権者の頭数及び債権額の過半数の賛成が必要	• 再建計画について債権者の頭数の過半数及び債権額の4分の3以上の賛同が必要
• 債権者・債務者ともに申立可能	• 債務者のみ申立可能
• 個別権利行使の禁止効（Moratorium）あり	• Moratoriumあり（注：英国SOAと異なる）

（注4） Scheme of Arrangementは債務整理の目的のみならず株主の権利変更（とりわけスクイーズアウト）にも用いることができるが、本ペーパーにおいては債務整理のためのScheme of Arrangementのみを念頭に置いて議論を進める。

（注5） もっとも、英国法においても、Moratoriumが可能な法的整理（Administration）を前置するといった実務が存在し、また、2020年の英国倒産法改正により独立型Moratoriumが導入されたため、シンガポールにおけるSOAとの差異は相対的であるともいえる。

このように、シンガポールにおけるScheme of Arrangementは、DIP型であり、特別多数決によって債権の権利変更が可能であり、かつ、Moratoriumも整備されているといったことから、シンガポールにおける事業再生のための一般的な手法となっている。そこで、次項では、Scheme of Arrangementに焦点を当て、その概要について述べる。

⑶　Scheme of Arrangementの手続概要

Scheme of Arrangementにおいては、大要以下のステップを辿ることになる。

① Moratoriumの申立て：債務者がScheme of Arrangementを申し立てる場合には、まずはじめに裁判所へのMoratoriumの申立てを行うこととなる(注6)。裁判所によりMoratoriumが認められた場合、その期間中は債権者による個別の権利行使が原則として禁止されるが、この対象には再建計画の対象債権者以外の債権者も含まれ、また、対象となる行為には担保権の行使も含まれる(注7)。Moratoriumは通常3か月～6か月程度の期限付きであり、期限までに再建計画が成立しなければ、再度の申立てを行い更新しなければならない。なお、後述するように、2017年の会社法改正によりMoratorium申立て時点から30日の間は自動的にMoratoriumの効果が発生することとなった。

② 裁判所への債権者集会の招集許可申立て：債務者は、再建計画についての決議のための債権者集会の開催を裁判所に申し立て、これが認められると対象債権者に対して招集通知が送達されることになる(注8)。この点、Scheme of Arrangementの対象債権者をどの範囲で設定するか、また、対象債権者についていかなるクラス分けを行うかについては債務者における柔軟な裁量が認められている。ただ

(注6)　IRDA 64条⑴。
(注7)　IRDA 64条⑴。
(注8)　CA 210条⑴。

し、衡平性を害するような場合には債権者が異議を申し立てることができ、あるいは裁判所が職権で債権者集会の開催を許可しないということもあり得る。

③ 債権者集会の開催・再建計画の決議：債権者集会においては、議決権を投じた債権者のうち頭数の過半数かつ債権額で4分の3以上の賛成を得た場合に可決される（注9）（注10）。

④ 裁判所による承認：債権者集会で可決された計画案は裁判所における承認を受ける必要があり、法律上、裁判所は可決された計画案について適切と判断する修正を加えることができるとされているが（注11）、承認自体の要件については法律上明示的に規定されていない。実際には、裁判所は債権者集会で可決された計画案について原則として承認し、手続違反がある場合や衡平性を害するような例外的な場合に限って不承認とするようである。

⑤ 再建計画の効力発生：裁判所により承認されることで再建計画は有効に成立し、当該計画に従って対象債権者の権利変更が効力を生じる。この場合、実際に債権者集会に出席していたかどうかにかかわらず、対象債権者に該当する場合には権利変更の効果を受けることになる。

【図表2】シンガポールScheme of Arrangementのプロセス

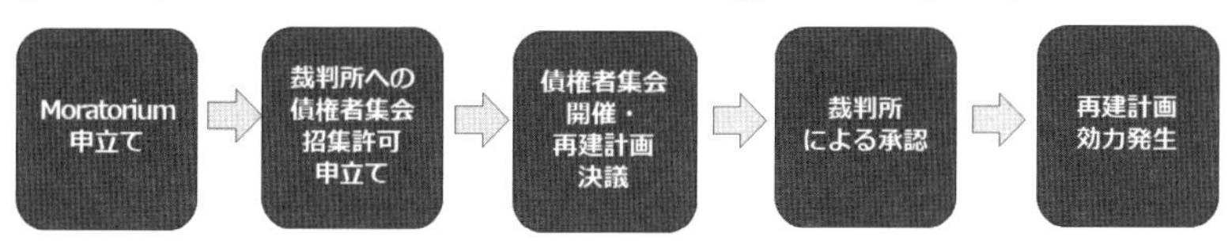

（注9） CA 210条(3AB)。

（注10） 特別多数決原理の導入や裁判所による承認に加えて、実務的には、債務者の事業価値を裁判所が承認するに当たり、債権者側からも専門家による価値評価報告書が提出され実質的な議論がなされるといった実務等を通じて、少数債権者の権利が不当に害されないよう保護が図られている。

（注11） CA 210条(4)。

このように、シンガポールのScheme of Arrangementは、申立て時にMoratoriumを受けることができる点、DIP型である点や裁判所の承認を得ることで多数決原理にて債権者の権利変更ができるという点で、日本の民事再生手続に構造的には類似する。一方で、対象債権者の範囲の設定やそのクラス分けなどについて債務者の裁量の幅が大きく、実務上も金融債権者やその一部のみを対象とするということが一般的に行われているなど、日本の法的整理手続に比して柔軟性が高いということもできる。

2 近時の制度改正の概要

シンガポールの倒産・事業再生に関する法制度は、旧宗主国である英国がそうであったように、歴史的な経緯から必ずしも統一的な制度となっておらず、制度の改正やアップデートが頻繁になされているわけではなかった。しかし、以下に記載する2017年の大規模な変革を契機に、近年では法改正が相次いでなされている。

(1) 2017年会社法(Companies Act〔以下、「CA」という〕)改正

従前、シンガポールにおける企業の倒産・事業再生法制は、植民地時代の名残りで会社法において規定されていたが、規制内容が下位規則や他の法規にもまたがり、結果として統一的な解釈や機動的な立法的施策を難しくしており、また、国際的な倒産・事業再生案件の増加に伴い法制度の近代化が希求されていた。そこで、2010年、シンガポール法務省は法改正のための特別委員会の設置を命じ、これを受けた特別委員会による改正提言が2013年および2016年の2度に渡ってなされた(注12)。かか

(注12) Report of the Insolvency Law Review Committee, Final Report, 2013 (https://www.mlaw.gov.sg/files/news/announcements/2013/10/ReportoftheInsolvencyLawReviewCommittee.pdf)、Committee to Strengthen Singapore as an International Centre for Debt Restructuring, Report of the Committee, 2016 (https://www.esquireglobalcrossings.com/wp-content/uploads/sites/21/2016/06/2016-04-Singapore-Committee-Report.pdf)

る改正提言の内容を大胆に取り入れる形で制定されたのが2017年改正会社法であり、この中では、米国倒産法類似の強力な手続上の権限を織り込み、また、国際的な案件への対応能力を強化することが大きな主眼とされた。

【図表3】2017年会社法改正で盛り込まれた改正点

2017年会社法改正で盛り込まれた改正	
・Automatic Moratoriumの導入	・Extraterritorial Moratoriumの導入
・Super Priority Financeの導入	・外国企業による手続申立要件の整備
・Pre-pack手続の導入	・COMIテストの明文化
・Cross-class Cram Downの導入	・Ring-fenceルールの撤廃　等

(2) 2018年倒産・再編・解散法施行

従前は、法人における倒産法制は会社法に、個人における倒産法制は破産法（Bankruptcy Act）に規定されていたが、これらを統合する形で倒産・再編・解散法（Insolvency, Restructuring and Dissolution Act〔以下、「IRDA」という〕）が2018年10月に制定され、2020年7月より施行された。こちらも2010年以来の立法提言を受けて行われた改正であり、単に倒産・事業再生法制を独立させただけでなく、いわゆる倒産解除特約（Ipso-facto clause）が無効となることを明記するなど、実体的な改正も行っている。

(3) コロナ禍における立法的対策

コロナ禍における対策として、シンガポールでは各種の金融支援策が拡充されたほか、事業再生分野においても、迅速な事業再生や債務処理を実現するため、中小規模事業者向けの簡易債務整理手続（Simplified Debt Restructuring Programme）や簡易清算手続（Simplified Winding Up

Programme）が2021年1月29日から同年7月28日までの時限立法として整備された[注13]。

3 主要な改正事項

2017年の改正会社法および2018年の倒産・再編・解散法における主要な改正の方向性は、①制度の実効性をより高めるための米国類似の制度の導入、および②国際的な倒産・事業再生案件への対応力を高めるための規定の整備、の2点に総括することができる。以下、それぞれに関する具体的な改正の内容について述べる。

(1) 改正のトピック①：米国類似の制度の導入

(i) Automatic Moratoriumの導入

従前、シンガポールのScheme of ArrangementにおいてMoratoriumを得るためには、まず裁判所に対する申立てを行いMoratoriumの許可を得なければならず、その前提として主要債権者の同意などを得る必要があった。そのため、債務者側にとっても債権者側にとっても、手続開始申立て直後のごく短期間でMoratoriumを得るための準備をしなければならず、負担が大きいと認識されていた。

この点、2017年会社法改正により、Moratoriumの申立日から最大30日間は自動的にMoratoriumの効力が生じることとなった（Automatic Moratorium）[注14]。これは米国倒産手続におけるAutomatic Stayの制度に範を得たものである[注15]。これにより、債権者による個別権利行使を債務者のMoratorium申立てから30日間は自動的に防ぐことができ、当該期間内に、通常のMoratoriumを得るための主要債権者への説明や説

（注13） IRDA Part 5A。なお、2021年7月26日、同手続の申立可能期間は2022年7月28日まで12ヶ月間延長された。

（注14） IRDA 64条(8)(14)。

（注15） 合衆国法典（以下、「U.S. Code」という）11章362条。ただし、米国におけるAutomatic Stayは30日間の限定はなく、原則として再建計画が承認されるまでその効力が継続する点など米国の制度との重要な相違点も存在する。

得を行うことが可能となった。上述のとおり、従前、債務者は手続開始申立て直後からMoratoriumの命令が発出されるまでの期間において不安定な立場に置かれていたが、この改正により、債務者に「息継ぎ期間」(breathing space) が与えられることになったと言われ、実務上も大きな意義を有している。

(ii) Super Priorityファイナンスの導入

2017年の会社法改正により、米国倒産手続におけるSuper Priorityのコンセプトに倣い(注16)、Scheme of Arrangement手続の中で裁判所の許可を得た場合には、既存担保権よりも優先順位の高い担保を設定した資金調達を実施することができるようになった(注17)。

この場合の要件としては、債務者において、①既存担保よりも優先性の高い担保権を設定しなければ当該資金調達が得られないこと、および②既存担保権者の利益に対する十分な保護が図られていることを示さなければならないとされている(注18)。

かかる要件の充足性の判断をめぐっては、法改正後の1号案件であるRe Attilanのケース(注19)において裁判所がSuper Priorityを認めなかったため、当初は裁判所が厳格な立場に立っているものとも思われたが、これは同件における主張立証活動に問題があったものと考えられており、その後の案件では柔軟にSuper Priorityが認められている。

(iii) Pre-pack手続の導入

従前は、Scheme of Arrangementを成立させるためには債権者集会における決議は必須の要件であったが、2017年会社法改正においては、債務者による申立ての上、債権者集会を開催せずとも可決要件を満たす

(注16) U.S. Code11章364条。
(注17) IRDA 67条。
(注18) IRDA 67条(1)(b)。
(注19) Re Attilan Group Ltd [2017] SGHC 283。

と判断できる場合、裁判所は債権者集会による決議を省略して再建計画を承認しScheme of Arrangementを成立させることができるようになった（Pre-packed Sheme）[注20][注21]。

もっとも、これまでのところシンガポールにおけるPre-packed Shemeの申立ては多くないとされている[注22]。その理由としては、可決要件を満たす上で必要な数の債権者と事前に協議を成立させるよりも、Scheme of Arrangementを申し立てることで30日間のAutomatic Moratoriumの効果を生じさせ、一定の交渉力を得た上で債権者と協議するという実務ニーズがあるようである。

ⅳ　Cross-class Cram Downの導入

Scheme of Arrangementにおいては、対象債権者を複数のクラスに分けることができ、同一クラスの債権者においては実質的に同様の取扱いをする必要がある。また、Scheme of Arrangementを成立させるためには、原則としてすべてのクラスにおいて債権者集会における決議要件を満たすことが必要である。

この点、2017年会社法改正においては、上記の取扱いについての例外を認め、一部のクラスにおいて決議要件を満たすことができずとも以下の要件を満たす場合には、裁判所が債務者の申立ての上で再建計画を承

（注20）　IRDA 71条。

（注21）　Pre-packという語は多義的に用いられる。日本における「プレパッケージ型民事再生」は、手続開始申立て前にスポンサーを一定程度特定した上で申し立てるものを意味することが多いと思われるが、米国においては、倒産法上の制度として、チャプター11手続の申立前に再建計画案を策定した上で、同計画案を法定多数の債権者から賛成を得た上で申立てることにより、チャプター11手続における投票を経ずに裁判所が計画の承認を行う制度のことを指す（U.S. Code11章1125条(g)）。また、米国において、法定多数の承認を得るまでいかずとも、債務者が債権者を含む利害関係人に事前に協議をした上で申し立てる場合は、“Pre-arranged型”または“Pre-negotiated型”と呼ばれる。シンガポールにおけるPre-pack Schemeは、上記のうちの米国におけるPre-pack手続を実質的に踏襲している。

（注22）　シンガポールに上場していた重機部品製造会社であるHoe Leong Corporation Ltd.（SGX:H20）の事案等が知られている。

認することが可能となった(注23)。

① 少なくとも1つのクラスにおいて決議要件を満たしていること

② 対象債権者全体として決議要件を満たしていること

③ 再建計画が異なるクラス間の衡平を害さず、否決されたクラスの債権者にとってもFair and Equitableなものであると裁判所が認めたものであること

上記の改正についても、やはり、米国におけるCram Downの制度を実質的に踏襲したものである(注24)。

【図表4】Cross-class Cram Downの要件

Cross-class Cram Downの要件

① 少なくとも一部のクラスにおいて決議要件を満たしていること

② 対象債権者全体として決議要件を満たしていること

③ クラス間の衡平を害さず、否決されたクラスの債権者にもfair and equitableであること

(v) Ipso-facto条項の制限

従前は、法的整理手続への申立てを理由とする契約の解除条項や期限の利益喪失条項の適用を制約する法的根拠はなかった。

2018年成立した倒産・再編・解散法においては、債務者によりScheme

(注23) IRDA 70条。

(注24) U.S. Code11章1129条。なお、シンガポールにおける同制度の呼称が“Cross-class”Cram Downと呼ばれるのは、Cram Downという語の用法に関する英米の差異を反映する。すなわち、米国における当該用語は、一部のクラスが再建計画を否決した場合に他のクラスが当該計画を可決していることをもって裁判所が再建計画を承認することを認める制度を指すのに対して、英国法系の国においてCram Downという用語は、多数決原理をもって反対株主の権利変更を実現することができる仕組みのことを指すとされてきたために、2017年会社法改正によって導入された米国型のCram Downについて、“Cross-class”Cram Downと呼び方がなされている。

of Arrangementその他の法的整理手続が開始された後は、当該手続の開始や債務者が倒産状態に陥ったことを理由に上記の条項を適用して契約の解除や差押等を行うことは禁止されることとなり、これに反する契約条項は無効となることが明記された(注25)。なお、同法におけるIpso-facto条項の制限は、倒産関連事象の発生を要件とする解除・差押えのみならず、期限の利益の喪失を認める条項についても無効となる旨明記されている(注26)。

(2) 改正のトピック②：国際案件への対応強化

(i) Extraterritorial Moratoriumの導入

2017年会社法改正により、裁判所は、債権者がシンガポールに所在する場合のみならず、シンガポールの裁判所の管轄に服する場合には、Moratoriumの対象とすることができることとされた(注27)。従前の法制度であれば、シンガポールでScheme of Arrangementが開始された場合であっても、例えば、担保権が設定された船籍が他国に航行してしまうと担保が実行できてしまうといった問題があったが、改正法ではそのような場合でもMoratoriumの効力を及ぼすことが可能とされた(Extraterritorial Moratorium)。

改正後は、シンガポール国外で行われた債権回収行為についても、債権者が上記の要件に該当する限り、シンガポールの裁判所によるMotatoriumの効力が及ぶ。もっとも、シンガポールで発令されたMoratoriumの効力によって債権者が所在する国で開始された強制執行手続を実際に止めるためには、当該国においてScheme of Arrangementの承認・援助を得る必要がある(注28)。しかしながら、Extraterritorial

(注25)　IRDA 440条。

(注26)　他方、所定の財務数値が一定以上に悪化したことを要件とする、いわゆるネガティブコベナンツ条項を理由とする解除条項や期限の利益喪失条項が同様に無効となるかどうかについては議論があり、今後の実務・学説の展開が待たれる状況にある。

(注27)　IRDA 64条(5)(b)。

Moratoriumの効力が及ぶ外国所在の債権者がMoratoriumに違反して債務者の財産に対して権利行使すれば、法廷侮辱罪（Contempt of Court）としてシンガポールにおいて刑事罰の対象となる。これにより、外国に所在する債権者がシンガポールに拠点を有する場合、必ずしもScheme of Arrangementについて当該国での承認・援助を得ずとも、Moratoriumの実行力を及ぼすことができると考えられている。

なお、上記のExtraterritorial Moratoriumの効力範囲は原則として法人単位で判断することとなる。したがって、シンガポールに支店を有する場合の外国所在の本社はExtraterritorial Moratoriumの対象となるが、シンガポールに子会社を有する場合の外国所在の本社（親会社）は、子会社を有するというだけではExtraterritorial Moratoriumの対象となるわけではない。

(ii) 外国企業による手続申立要件（Substantial Connection）の整備

シンガポール裁判所にScheme of Arrangementその他の法的整理手続を申し立てることができる主体は、倒産法に定める“company”が対象となるところ、この定義には、シンガポールにおいて登録した企業のみならず、シンガポールに登録していない企業も含まれ得る(注29)。

シンガポールに登録していない企業が“company”に該当するとしてScheme of Arrangementその他の法的整理手続を申し立てるためには、シンガポールに“substantial connection”を有することが要件となるところ、2017年会社法改正では、この“substantial connection”を認められるための要件を拡大し、以下のいずれかの条件を満たす場合と規定した(注30)。

① シンガポールが対象会社の“centre of main interests”（いわゆる

(注28) シンガポールのSOAはこれまで米国、英国、バーブーダ、バミューダ等において承認されている。

(注29) IRDA 63条(3)，246条(1)(d)。

(注30) IRDA 246条(3)。

COMI）である。
② 対象会社がシンガポールで事業を行っているか、シンガポールに事業拠点がある。
③ 対象会社がシンガポールで登録済みの外国会社である。
④ 対象会社がシンガポールに実質的な資産を有している。
⑤ 借入れその他の取引において準拠法をシンガポール法としている。
⑥ 借入れその他の取引においてシンガポール裁判所を紛争解決管轄としている。

上記のとおり、シンガポールにいわゆるCOMIがある場合や実質的な資産を有するような場合に限らず、取引関連契約の準拠法や紛争解決条項からも申立要件が認められることになる。近時、英国のScheme of Arrangementにおいても、外国企業の申立てを広く認める判例法理が形成されてきたが、英国におけるかかる潮流をふまえた改正といえる。

【図表5】Substantial Connectionの要件

Substantial Connectionの要件
① シンガポールが対象会社の“centre of main interests”（COMI）である。
② 対象会社がシンガポールで事業を行っているか、シンガポールに事業拠点がある。
③ 対象会社がシンガポールで登録済みの外国会社である。
④ 対象会社がシンガポールに実質的な資産を有している。
⑤ 借入その他の取引において準拠法をシンガポール法としている。
⑥ 借入その他の取引においてシンガポール裁判所を紛争解決管轄としている。

(iii) 外国倒産手続の承認援助に係るCOMIテストの明文化

2017年会社法改正以前においても、シンガポールではCOMIテストに基づく外国倒産手続の承認・援助がなされてきたといわれているが、制定法に基づかない判例法上の判断であったため、具体的な案件における成否や要件が明らかでなかった。そのため、実務上は承認・援助が認められるまで数か月程度かかるということもあった。

2017年会社法改正では、UNCITRAL Model Lawの枠組みが正面から取り入れられたことにより要件が明確化され、迅速かつ簡易で確実に承認・援助が認められるようになった(注31)。その結果、Model Law適用国における外国倒産手続の承認は、チェックボックス式の書類を整えるだけで自動的になされることとなっており、公序に反するといった事情がない限り、裁判所の裁量はない。

もっとも、外国手続（Foreign Proceeding）としての承認を得た後、シンガポール内でのMoratoriumや主手続国への財産移転などの援助の効果を得るためには、個別に裁判所への許可申立てが必要となる(注32)。他方、当該外国手続がCOMIの要件を満たす外国主手続（Foreign Main Proceeding）であることまで認められれば、シンガポール内でのMoratoriumの効果が自動的に付与されることになる(注33)。この点、シンガポールの承認援助制度においては、Model Lawをそのまま援用する形での立法がなされているため、Model Lawから離れた独自の判断基準が介在する余地が非常に限定的な立法となっている。

(iv) Ring-fenceルールの撤廃

2017年会社法改正の施行前は、シンガポールに登録された外国会社の清算に際しシンガポール内の資産を換価した場合、換価された金銭を本国に送金する前にシンガポール内の債権者に優先的に配当することが義務付けられていたが（Ring-fenceルール）、2017年会社法改正においては、銀行や保険会社等の一部の例外を除き、Ring-fenceルールは全面的に撤

（注31） IRDA 252条、別紙３。
（注32） Model Law 21条１項。
（注33） Model Law 20条１項。

廃された。

4　日本企業によるまたは日本におけるシンガポール手続の利用可能性

上述のとおり、シンガポールのScheme of Arrangementは2017年以降の大改正により大幅な変革を遂げ、その１つの柱として、国際的な案件に対応するための新たな制度が整備された。そこで、日本企業や日本で事業を行っている企業にとっても、今後、シンガポールにおけるScheme of Arrangementを利用し、またはその対応を迫られる場面が生じることも予想される。以下では、どういった場合にそのような利用・対応の必要が生じ得るのか、またその際の実務的な留意点について、若干の整理を試みたい。

⑴　日本企業がシンガポールScheme of Arrangementを申し立てる場合

(i)　要件充足性

シンガポールのScheme of Arrangementは、“substantial connection”のテストをクリアすれば外国企業でも申し立てることができる。シンガポールにCOMIがある場合のみならず、シンガポールで事業を行っている場合や実質的な資産を有する場合、または借入れ等の契約書において準拠法がシンガポール法となっている場合にもこの要件を満たすことになる。なお、シンガポールに子会社がある場合に同子会社にてScheme of Arrangementを申し立てることも当然可能である。

(ii)　メリット・適用場面

実務的な利用局面として、まず、日本で法的整理ないし私的整理を申し立てている日本企業がシンガポールやアジア諸国に重要な子会社を有するという場合に、日本の手続に並行してScheme of Arrangementを申し立てるということが考えられる。この点、2017年の会社法改正により、シンガポールScheme of ArrangementはExtraterritorial Moratoriumを有することとなった結果、シンガポール法人のみならずシンガポール裁判所に管轄を服する債権者にも及ぶことになった。これにより子会社の債権者がシンガポールのみならずアジアの周辺国にも存在するといった場合にも、当該債権者を手続に取り込むことができる可能性がある。

その他に考え得る利用局面として、例えば、日本で事業再生ADR等の準則型私的整理を実施している日本企業について、多数の海外の金融機関からの借入れがあり、当該金融機関より事業再生計画への同意を得ることが困難という場合の利用も考えられる。とりわけ海外の債権者に対しては、日本の準則型私的整理について十分な理解がないために同意を得ることが困難であるということが実務上存在するように思われるが、そのような場合に、当該海外金融機関を手続に取り込むためにシンガポールScheme of Arrangementを申し立てるという対応も今後検討に値しよう[注34]。

(2) 日本企業が日本において進行中の倒産・事業再生手続に関するシンガポールにおける承認援助を求める場合

(i) 要件充足性

日本にはModel Lawに準拠した外国倒産処理手続の承認援助に関する法律（以下、「承認援助法」という）が制定されているため、日本の法的倒産手続がシンガポールにおける外国手続（Foreign Proceeding）として承認を受ける要件を満たすことはおそらく疑問がない。

他方、準則型私的整理を含む私的整理手続に関しては、Model Lawにおける外国手続の要件の１つとして、「外国裁判所による管理又は監督」が要求されているため、基本的には外国手続に該当しないと考えられる[注35]。

(注34) ただし、シンガポールScheme of Arrangementは手続開始時に公告がなされるため、密行性が重視される案件における利用には留意が必要と考えられる。

(注35) IRDA 252(1)、Model Law 2条(a)。

日本の法的倒産手続について、外国手続の要件を満たし、さらにCOMIテストをクリアすれば、外国主手続（Foreign Main Proceeding）として承認され、シンガポール領域内におけるMoratorium等の効果が自動的に得られる（注36）。

(ii)　メリット・適用場面

日本の法的倒産手続が外国手続として承認されることにより、シンガポールの当局や取引相手方に対して日本の管財人の権限を主張しやすくなるため、現地に所在する重要な資産を換価する上で管財人の権限を証明する必要がある場合などには、外国手続としての承認を得るというメリットがある。さらに、同国内に所在する重要な資産に対する差押えを防ぐ必要があるといった場合や、当該資産を日本に移転するといった場合には、外国主手続としての承認を受け、あるいは個別の援助処分を受けるということも考えられる。なお、外国倒産手続の承認・援助は、日本の手続における権利変更の効果をシンガポール内に及ぼすことまではできないため、かかる効果を得る必要がある場合には、シンガポール内で並行してScheme of Arrangementを申し立てるなどの対応が必要となる。

(3)　日本企業の取引先がシンガポールScheme of Arrangementを申し立てた場合

シンガポールScheme of ArrangementはExtraterritorial Moratoriumを有するため、日本企業であっても、シンガポール裁判所の管轄を服する場合にはMoratoriumの適用を受け得る。

ただし、上述のとおりシンガポールに子会社を有するというだけではシンガポール裁判所の管轄に服することにはならないため、シンガポールに子会社を有する場合の当該子会社による債権回収については

（注36）　Model Law 20条1項。

Moratoriumの影響を受けるが、仮に親会社としての日本法人が日本で債権回収を行った場合には、Extraterritorial Moratoriumの効力は及ばないのが原則である。

Scheme of Arrangementにおいては、再建計画において対象債権者と定められた者でなくとも、債務者に対して債権を有していればMoratoriumの対象となる。この場合、Moratorium期間においては担保の実行も含めて債務者に対する権利行使が原則的に禁止されることとなるので、当該債権をシンガポール内で実行するためには、シンガポール裁判所に対して許可申立てを行わなければならない。

なお、Scheme of Arrangementにおける債権者の債権届出や上記の許可申立等はオンラインで行うことができ、債権者集会についてもオンライン上で参加し、議決権の行使や異議申立てなども行うことができる。

(4) シンガポールScheme of Arrangementについて日本で承認・援助の申立てがなされた場合

(i) 要件充足性

シンガポールScheme of Arrangementが承認援助法において「外国倒産処理手続」に該当するかどうかに関する裁判例等は現在のところ見当たらない。しかしながら、シンガポールScheme of Arrangementは、Model Lawにおいて外国手続（Foreign proceeding）の要素とされている４つの要件、すなわち①倒産処理に関する法律に根拠を有すること、②債権者が集団的に関与すること、③裁判所が債務者に関する資産または事象を管理または監督すること、および④債務者の再建または清算を目的とすること、のすべてを満たしているように思われる[注37]。また、シンガポールScheme of Arrangementは、Moratoriumの効力を有するこ

（注37） United Nations, UNCITRAL Model Law on Cross-Border Insolvency with Guide to Enactment and Implication of the UNCITRAL Model Law on Cross Border Insolvency, 2014（https://uncitral.un.org/sites/uncitral.un.org/files/media-documents/uncitral/en/1997-model-law-insol-2013-guide-enactment-e.pdf） para 66

とや、債権者の特別多数の承認を得て権利変更が可能である点などもふまえると、手続構造としては日本の民事再生手続に類似しており、承認援助法2条1項1号における外国倒産処理手続の定義にも該当するように思われる。したがって、シンガポールScheme of Arrangementが承認援助法の適用要件を満たすという議論も説得的であるように思われるが、この点に関しては実務の蓄積が待たれる。

【図表6】UNCITRAL Model LawにおけるForeign proceedingの要素

UNCITRAL Model LawにおけるForeign proceedingの要件
① 倒産処理に関する法律に根拠を有すること
② 債権者が集団的に関与すること
③ 裁判所による管理・監督
④ 債務者の再建又は清算を目的とすること

(ii) メリット・適用場面

シンガポールScheme of ArrangementにはExtraterritorial Moratoriumがあるものの、この効力はシンガポール裁判所の管轄に服する者に限られるため、当該法人が日本に重要な資産を有する場合に、シンガポール国外の債権者による権利行使を止めるためには十分ではない。他方で、シンガポール企業が日本に重要な子会社ないし拠点を有する場合であって、当該子会社ないし拠点からシンガポールへの送金を行う必要がある場合や、シンガポールと日本とで一体的な債務整理を行うことがある場合には、シンガポールScheme of Arrangementについて日本における承認援助を求めるメリットがあると考えられる。

【Part 1】アジア各国における事業再生の最新状況

4 中国

弁護士 鐘ヶ江洋祐
弁護士 黒田 裕
弁護士 川合 正倫
中国律師 王 雨薇
弁護士 鈴木 章史

1 中国倒産法制度の概要

中国の倒産手続は、2007年6月1日に施行された企業破産法に規定されており、清算型の破産清算手続と再建型の重整手続（日本の会社更生手続に類似）および和議手続がある。いずれの倒産手続も企業法人その他の組織のみを対象としており、自然人は手続の対象とされていない（ただし、2021年から深圳市にて自然人の倒産手続の運用が開始された。詳細は4(2)の「個人倒産制度の創設と運用の開始」を参照）。

これらの倒産手続では、いずれの手続においても管財人が選任され、管財人が財産の管理処分・事業経営を行うのが原則とされる。ただし、重整手続については、裁判所が許可した場合に、管財人の監督の下で債務者が財産の管理処分・事業経営を行うことも認められている（DIP型手続の部分的認容）。

再建型手続のうち、重整手続は米国倒産法チャプター11をモデルとした手続で、再建型手続の原則的手続として位置付けられている。また、和議手続は、債務者と債権者の合意に基づいて、債務の減免・弁済期限の猶予を認める簡易な再建型手続であり、日本の旧和議手続と類似する。

手続	類型	申立人	債務者による事業経営	担保権の実行
破産手続	清算型	債務者、債権者	なし	拘束されない
重整手続	再建型	債務者、債権者	法院の許可ある場合	拘束される
和議手続	再建型	債務者	なし	拘束されない

手続開始原因は、①当該法人が弁済期にある債務を弁済することができず、かつ、②その債務につきその資産をもって完済することができない状態にあること、または、その弁済能力が明らかに欠如している状態にあることであり、これらはすべての倒産手続に共通とされている。これらに加え、重整手続においては、弁済能力が明らかに欠如している状態に陥るおそれがあることも手続開始原因とされている。

破産手続の特徴の１つとして、管財人が、破産財団の換価計画を作成し、債権者集会の決議と裁判所の認可を経た上で配当を行わなければならないとされている点が挙げられる。破産手続においては、担保権の実行は禁止されず別除権としての取扱いを受ける点は日本法と同様である。

他方で、重整手続では、原則として担保権の実行が禁止され、担保権者への配当も重整計画に基づいて行われる。労働債権や租税債権への配当も重整計画に基づき行われ、重整計画によって株主の権利を変更することも可能とされている。また、重整計画案は、原則として重整手続の開始決定から６か月以内に提出しなければならず、また、その成立のためには、債権の種類ごと（担保付債権、労働債権、租税債権、一般債権等）に決議を行い、それぞれの決議は、各種類の出席債権者の過半数と確定債権総額の３分の２以上の賛成によって可決することとされている。

いずれの倒産手続においても詐害行為および偏頗行為については管財人による否認権行使の対象とされているが、条文上は受益者が善意である場合の取扱いについて規定がない。

その他の特徴として、債権届出に関し債権届出期間を徒過した場合でも失権効はなく、最後配当が行われるまでは追加届出ができる点や、配当は原則として現金とされているものの、現物による配当も例外的に認められている点が挙げられる。

それぞれの手続の大まかな流れは、別表「中国の倒産手続の流れ」に記載のとおりである。

2 倒産制度の積極活用に向けた政策転換

(1) 法的倒産件数の急激な増加

中国における（法人）倒産案件の受理（申立ての受理）、立件（手続開始）および審理完了（終結）に関する全国データによると、倒産件数は以下のとおり2016年から大幅に増加している。同時に、未終結案件が年々増加し、裁判所の審理負担も増加している。

・2007年5月まで：立件数約4,000件／年、未終結の企業倒産案件は約10,000件と推測（最高人民法院）
・2007年6月から2014年まで：年間受理件数約2,000～3,000件
・2015年：受理件数3,683件、終結件数2,243件
・2016年：受理件数5,665件、終結件数3,602件
・2017年：受理件数10,963件、終結件数7,301件
・2018年：受理件数22,211件、終結件数16,122件
・2019年：受理件数21,797件、終結件数17,399件

コロナ禍の影響もあるが、2020年には、1月1日から6月29日までの約半年で全国の倒産件数は26,820件と急増した。

また、中国内でも倒産案件が特に多い地域がいくつかあり、倒産制度の運用例が多いことから、それらの地域が中国の倒産実務をリードしている。例えば、浙江省の杭州や温州、広東省の深圳などでは、倒産件数が近時急増している一方で、案件に係る期間は相当程度短くなっている（広東省では以前は平均25か月かかった審理期間が、直近では12か月となったとの指摘もある）。

中国の倒産手続の流れ

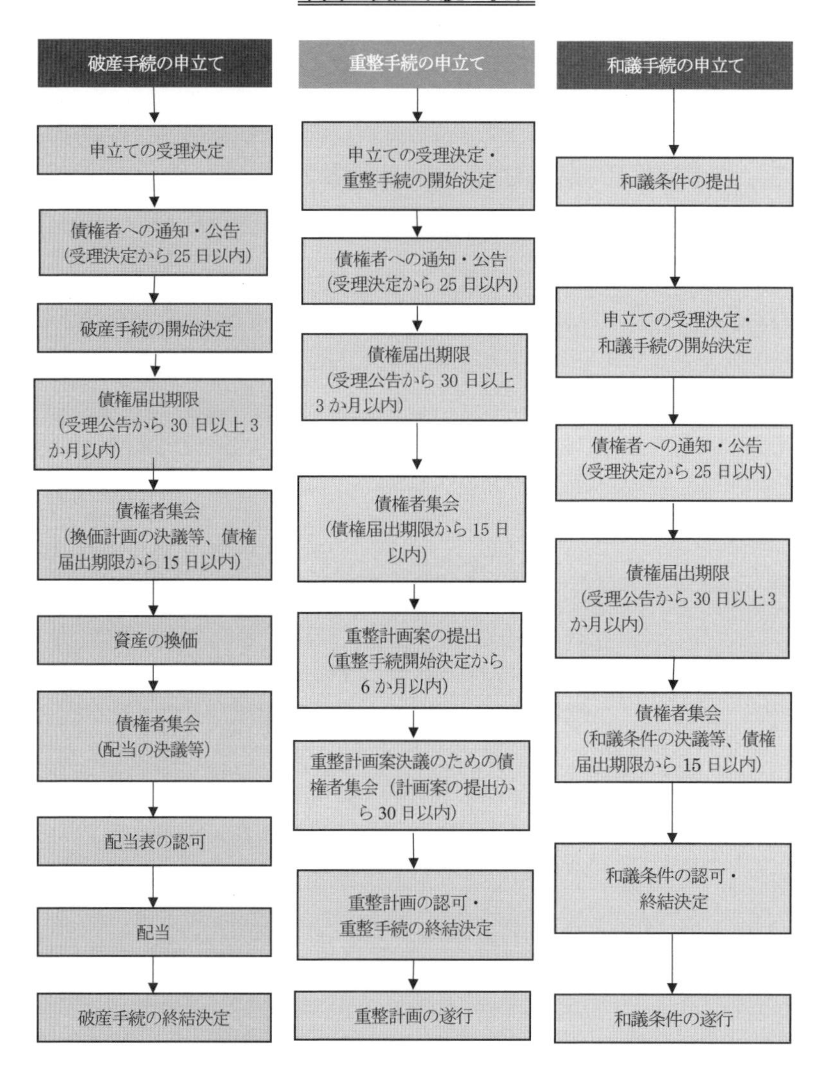
破産手続の申立て
申立ての受理決定
債権者への通知・公告（受理決定から25日以内）
破産手続の開始決定
債権届出期限（受理公告から30日以上3か月以内）
債権者集会（換価計画の決議等、債権届出期限から15日以内）
資産の換価
債権者集会（配当の決議等）
配当表の認可
配当
破産手続の終結決定
重整手続の申立て
申立ての受理決定・重整手続の開始決定
債権者への通知・公告（受理決定から25日以内）
債権届出期限（受理公告から30日以上3か月以内）
債権者集会（債権届出期限から15日以内）
重整計画案の提出（重整手続開始決定から6か月以内）
重整計画案決議のための債権者集会（計画案の提出から30日以内）
重整計画の認可・重整手続の終結決定
重整計画の遂行
和議手続の申立て
和議条件の提出
申立ての受理決定・和議手続の開始決定
債権者への通知・公告（受理決定から25日以内）
債権届出期限（受理公告から30日以上3か月以内）
債権者集会（和議条件の決議等、債権届出期限から15日以内）
和議条件の認可・終結決定
和議条件の遂行

(2) 2015年末をターニングポイントとした政策転換

このように、2016年から倒産件数が急増したのは、それまで企業破産法が存在するにもかかわらず、実務上活用されていなかった状況を改め、倒産制度を積極的に活用するという政策転換があったからである。

(i) かつての状況――倒産制度の不活用

中国において企業破産法が活用されてこなかった理由はいくつか指摘されているが、主な原因は次のとおりである。

まず、企業破産法の条文自体が抽象的であり、実務において具体的にいかに運用されるのかが不明確であった。特に、倒産手続の申立要件の審査が厳しいといった制度上の不備が指摘されていた。すなわち、かつては、倒産手続の申立てに際してさまざまな資料の提出が求められ、地方によっては、債権者による倒産手続の申立てに際して債務不履行に関する勝訴判決の提出が求められることもあるなど、難易度が高い場合があった。また、制度上、強制執行と倒産手続が分断されていたことや、簡易な破産手続が存在せず、複雑でない事案に関しても手続の遂行に時間がかかるという問題も指摘されていた。

また、管財人制度も十分に整備されていなかった。すなわち、企業破産法では管財人の資格、職責、権利義務に関する規定があり、2007年には管財人の指定と報酬に関する司法解釈が公布されたものの、管財人候補者のリストが整備されておらず、また、管財人に関する専門組織がなく、管財人が選任されても他の政府機関や銀行等の金融機関に協力が得られないケースが多いことが指摘されていた。

さらに、倒産手続においては各関係者の利益調整が求められ、事件処理のためにさまざまな知識が必要であるにもかかわらず裁判所における専門人材が不足していること等の理由から、従前は裁判所が倒産案件の受理に消極的なこともあった。また倒産手続は事件処理に時間がかかるところ、裁判官個人としても、事件が終結するかどうかは自らの評価にも影響がある（いわゆる事件の終結率が重視された）ため、裁判所によっては現実的に倒産手続を受理して進めることが難しいともいわれていた。

加えて、地方政府も、倒産事件により労働者の雇用が確保できなくなったり、地方政府の税収が減少することや、国有企業の担当者の責任問題（在任中に破産させることによって自らの責任にもなりかねない）が生じるといった事情から倒産手続に積極的に取り組まないことも多かった。

(ii) 倒産制度の積極的活用への転換

(a) 倒産制度の積極的活用の必要性

しかしながら、近年、中国では経済成長率の鈍化と企業の生産性の低下が課題となり、国有企業同士の相互貸付けによる債権の滞留（不良債権化）という問題が顕在化してきた。

また、製鉄、資源、不動産といった伝統的な産業から脱却し、産業構造を改革する必要性が認識されるに至り、金融機関等からの規律なき融資による資源と資金の浪費や、国有資産が流失することを阻止するという観点からも、倒産制度を積極的に活用すべきという機運が高まった。

(b) 通知／司法解釈／行政法規等による制度の整備

そのため、2015年末以降、中央政府主導で倒産手続に関する制度の整備が急ピッチで行われることになった。党中央の方針決定から、通知／司法解釈／行政法規等により制度が急速に整備された経緯をまとめると、以下のとおりである。

2015年末　党中央および国務院による「供給側改革」（サプライヤが過剰に存在する状況の解消）および「ゾンビ企業整理」の方針提出
2016年５月　最高人民法院が「法に従い倒産案件審理を展開し、倒産企業の救助・清算業務を積極かつ適当に推進することに関する通知」を公表
2016年６月　最高人民法院が「中級人民法院に清算と破産裁判廷を設置することに関する工作案」を公表（破産専門の裁判機構を全国的に設置、推進）
2016年７月　最高人民法院が「破産案件の立件受理に関する問題の通知」を公表（破産・重整案件の受理や形式審査の手順・方法を定め、従来の

受理が困難であるという問題を入口から解消）
2018年3月　最高人民法院が「全国法院破産審判工作会議紀要」を公表（過去の破産案件の審議における問題を整理し、重要問題に関して審議基準を明確化）
2018年11月　中央全面深化改革委員会会議で「市場主体の退出を加速させることに関わる制度改革法案」（市場主体退出制度改革法案）を可決（市場による適者生存、高品質の経済発展、市場経済体制の構築を目指す）
2019年3月　企業破産法司法解釈㈢―DIPファイナンスのルール整備、債権者の記録閲覧権と秘密保持等
2019年8月　最高人民法院が「全国法院民商事審判工作紀要」を公表（破産手続に関する過去の実務をさらに整理し、運用基準を統一化）
2020年4月　最高人民法院が「倒産案件の法に従う効率的な審理を推進することに関する意見」を公表（倒産案件審理の効率を上げ、倒産手続コストを軽減することに関する意見、公告や告知方法の電子化、債権者集会開催方式の多様化、債権者決議の方法の多様化（現場決議＋書面、電子メール、SNS等の非現場決議）、快速審理方式の適用と期間（6か月））
2021年3月　最高人民法院が「管財人が倒産手続において法に従い責務を履行することを推進、保証し、さらにビジネス環境を最適化することに関する意見」を公表（倒産手続における管財人の権限をさらに明確化。各当局および金融機関が管財人に協力すべき旨の方針を打ち出す。さらに、当局および金融機関が関与する過程の具体的な責任部門を明確化）

(c)　倒産専門裁判廷・倒産専門法廷の開設

以上の制度の整備に加えて、中国全土で倒産手続を扱う倒産専門裁判廷や倒産専門法廷が急速に整備され、また管財人の指定が適切になされるよう、環境整備が図られた。

その結果、2021年8月時点で、倒産専門裁判廷は約100か所、倒産専門法廷(注1)も14か所となり、また、各地で管財人協会の設立および管財人リストの整備が進められている。管財人協会に関しては、2014年11

（注1）　倒産専門裁判廷は、同一裁判所内の部であるが、倒産専門法廷は、裁判所には属するものの、組織としては独立している。

月に初めての管財人協会として広州市破産管財人協会が設立されたことを皮切りに、2021年８月までに全国で131か所の管財人協会が設立されるに至っている。

(iii) 倒産手続のIT化

以上に加えて、近年の中国倒産制度の進展としては、倒産手続のIT化を挙げるべきである。国土が広く人口が多い中国では、裁判手続をオフラインで行うことの問題点、すなわち時間と作業コストがかかること、コミュニケーション不足に陥ることや効率の悪さ、（遠方への）債権者集会参加が比較的困難であること、その他各種の手続にかかる負担（債権者会議の会場設置、受付、決議集計など）、書面資料の保管分量が増大し共有や閲覧が困難となり、かつ紛失リスクもあることといった課題に早くから目が向けられていた。

そのため、2016年７月、最高人民法院は「企業破産案件情報公開に関する規定（試行）」を公表（情報開示制度を明文化）し、最高人民法院が運営するオンライン上のプラットフォーム「全国企業破産重整案件にかかる情報プラットフォーム制度（破産情報プラットフォーム）」を立ち上げた。同年８月１日にはこのプラットフォームは、全国破産重整案件情報サイトと、管財人作業プラットフォーム、破産案件裁判官作業プラットフォームという３つのプラットフォームを統合するものとして運営されている。また、同年11月、最高人民法院は「全国破産重整案件情報サイトの普及・運用作業をより一層適切にすることに関する弁法」を公表し、原則として、倒産手続の担当裁判官は上記プラットフォームに情報を登録し、最高人民法院がこれを定期的に分析・検査するものとされた。しかも、倒産手続に関する情報の同サイトへの登録状況は、裁判官の破産案件処理に関する評価基準に含まれるとされた。

その結果、2018年２月末時点で、破産情報プラットフォームのページビュー訪問者数は1.33億人、同サイトに公開された公開文書は21,745部、さらに2021年４月12日時点で同サイトに公開された公開文書は105,707

部に増加しており、いまでは同サイトを利用した手続遂行や情報提供は完全に一般化している。

さらに、2019年3月には、破産案件裁判官作業プラットフォームに、裁判官による財産調査機能が追加され、強制執行システムに接続して債務者の財産状況を調査することも機能上可能となった。

破産情報プラットフォームの主な機能は以下のとおりである。

・　申立て、債権届出、債権者集会、異議申立て、スポンサー募集／選定、債権者への情報開示等が行われ、これらの手続を利用するためのガイダンスも用意されている。例えば、重慶鋼鉄破産事件では、債権者は20以上の省に分布するところ、上記情報サイトを利用し、52回のオンライン債権者集会が開催され、延べ42,579人が参加した。

・　オンライン司法競売システムのサイトへのリンクが掲載されている。通常の破産財産処分の方法によるとコストと時間がかかり、情報発信の範囲が狭く、手続に透明性がないというデメリットがあったところ、オンライン競売を用いることにより、コストを抑え、かつ効率的に、広く一般に発信することができ、透明性を高めつつ競争環境も確保できるというメリットがある。かかるオンラインでの司法競売システムを整備するため、企業破産法112条や「全国法院破産審判工作会議紀要」47条において原則的な指針を提示し、それを受けて最高人民法院にて「人民法院の民事執行における財産の競売及び換価に関する最高人民法院の規定」、「人民法院のオンライン司法競売の若干問題に関する最高人民法院の規定」を定め、地方レベルでも、山東省高級人民法院の2018年12月付「破産案件においてオンライン司法競売方式をもって破産財産を処置することに関する通知」をはじめとして、北京、重慶、深圳なども必要な規定を定めている。これらの規定により、倒産手続におけるオンライン競売に関する各種原則、すなわち、オンライン競売優先の原則、管財人主導の原則、裁判所および債権者による監督原則、競争原則が明確化された。なお、最高人民法院が指定するオンライン司法競売プラットフォームのリストがあり、現時点では7

つが指定されている。主なものとしては以下のサイトがある。

・Taobao（https://susong.taobao.com/）

・Jingdong（https://auction.jd.com/bankrupt.html）

これらのサイトは誰でも閲覧可能であり、閲覧すればさまざまな物品が売却されていることがわかる。例えば、飛行機、船舶といった大型の動産、工場やマンション等の不動産等からボールペンのような日用品まで売却対象となっている。過去の売却成功事例として、深圳市裁判所においてオフラインで6回競売をしても売却できなかったボーイング747型航空機3機が、オンライン司法競売によってそれぞれ約3.2億元（2機合計）、1.46億元（1機）で売却されたというケースもある。これは最低入札基準価格よりも約1億元高い売却価格であった。

3　多様な再生手法（事例紹介）

⑴　瀘天化集団および四川瀘天化の重整手続

(i)　事案の概要

本件は、瀘天化集団（集団）有限責任公司（以下、「瀘天化集団」という）およびその子会社である四川瀘天化股份有限公司（以下、「四川瀘天化」という）が、産業サイクル、市場不況、内部管理の効率不足等の理由で債務超過に陥ったために、DES等を利用した重整手続を行い、金融リスクを解消したという事例である。

本件では特に、①四川瀘天化の上場のステータスを維持し、かつ、それを利用し、DES等の方式で弁済比率を高めたこと、②子会社の生産運営能力を維持するために、四川瀘天化が子会社の債務を弁済し、または担保を提供し、子会社の競争力を保護したこと、③債権者が債務者のガバナンスに関与したこと、④金融債務について全面的な債務不履行に陥る前に重整手続に入ったこと等に特徴がある。

本件の事案の経過は以下のとおりである。

2013年　瀘天化集団は継続的に債務超過の状態であった。
2014年　四川瀘天化が11.41億元の債務超過に陥った。
2015年　現地の地方政府は瀘天化集団の資産再編を行い、目前に迫った上場廃止危機を回避した。
2016年12月　瀘天化集団は約30億元の債務超過、四川瀘天化は７億元の債務超過であった。
2016年12月30日　瀘天化集団は政府、銀行との間で債務整理に関する協議書を締結したが、2017年４月に当該協議は失敗に終わった。
2017年末　瀘天化集団の金融債務が100億元を超えた（金融債務比率90%超）。
2017年12月11日　人民法院は瀘天化集団の重整手続の申立てを受理した。
2017年12月13日　人民法院は四川瀘天化の重整手続の申立てを受理した。
2017年12月14日　人民法院は四川瀘天化の完全子会社である和寧公司（同社は四川瀘天化の最も重要な製造子会社であった）の重整手続の申立てを受理した。
2018年５月28日　人民法院は瀘天化集団の重整計画を認可した。
2018年６月29日　人民法院は四川瀘天化の重整計画を認可した。
2018年８月29日　人民法院は和寧公司の重整計画を認可した。
2018年８月30日　人民法院は瀘天化集団重整計画の執行完了を裁定した。
2018年12月28日　人民法院は四川瀘天化重整計画の執行完了を裁定した。

(ii) 対象債務者（債務者グループ）の概要

本件の債務者の１社である瀘天化集団は、1959年に設立され、合成アンモニア、尿素等化学工業製品を生産する中国最大の企業の１つであり、中国で初めて、天然ガスを原材料として合成アンモニア、尿素を製造した企業である。瀘天化集団は、1998年にもう１社の債務者である四川瀘天化を設立した。四川瀘天化は化学肥料、化学工業製品を製造・販売する事業を行い、1999年６月３日に深圳証券取引所に上場した。2018年１月時点で、四川瀘天化の最大株主は瀘天化集団（34.72%）であり、２位の大株主は瀘州市工業投資集団有限公司（以下、「工投集団」という）（19.66%）であった。四川瀘天化の実質支配者は瀘州市国有資本監督管理委員会であった。

また、四川瀘天化の完全子会社である寧夏和寧化学有限公司（以下、「和寧公司」という）は四川瀘天化傘下の重要な利益源であり、重整手続を通じて同社の資産と事業を維持できるかが重要なポイントであった。

重整手続申立時における債務者の概要は以下のとおりである。

社名	瀘天化集団（集団）有限責任公司	四川瀘天化股份有限公司	寧夏和寧化学有限公司
設立地	四川省		寧夏省
業種	化学肥料、化学工業製品の製造販売		
負債総額	100億元超	約31億元	—
資産総額		約８億元	—

また、グループ各社の資本関係は下記のとおりである。

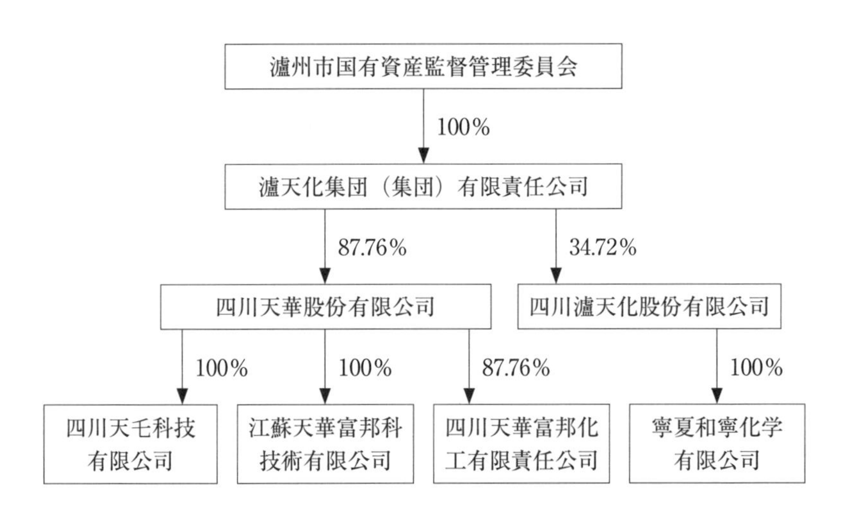

(iii) 主たる窮境原因と手続の選択

瀘天化集団は、肥料業界で先端技術と設備、高いブランド認知度があり、競争力のある製品を提供していた。産業サイクル、市場の低迷、内部管理の効率不足により一時的に困難に直面したものの、改革を進め内部管理を強化すれば競争力と収益性を回復する可能性は高く、上場維持は可能と考えられた。

そこで、同社の債務調整のために、10社あまりの金融機関が金融債権者委員会を組成し、金融債権者、債務者、管財人、政府とのコミュニケーションを促進し、かつ調整をした。交渉を重ねた結果、瀘天化集団とその傘下の関連会社の合計5つの事業体を倒産再生手続の対象に含めることを決定し、重整手続において、瀘天化集団の債務危機を解決するための主な手段として、DESを利用することを確認した。

(iv) 重整計画案の内容

重整計画における再生スキームは、上場会社である四川瀘天化の再生計画を中心としており、その具体的な内容は以下のとおりであった。

(a) 株主利益調整

瀘天化集団が四川瀘天のために連帯保証債務を履行し、4億元の債権（四川瀘天化に対する債権）の50％以上を放棄し、残りの債権は重整計画案認可後12か月以内に分割で弁済する。また、瀘天化集団は自らの重整計画に基づき、四川瀘天化の株式（約11.45％）全部を自らの債務の弁済に充てる。

(b) 弁済スキーム

① 従業員債権は現金にて全額弁済すること

② 一般債権者は、

　ⓘ 10万元以下の部分について現金にて一括で弁済すること、

　ⓘⓘ 10万元を超える部分について、金融債権者にはDESとして、債

権額100元につき11.24859393株を割り当て（当該部分の弁済比率は100%）、非金融債権者には、ⓐ上記金融債権者と同様の方法で株式をもって弁済（DESによる100%弁済）すること、または、ⓑ現金にて一括で60%を弁済、残りの弁済が免除されることの、２つの選択肢を与えた。

その結果、100億元を超える金融債権について、DESにより帳簿上の100%弁済を果たすことになり、債権者集会で全債権者の99.81%の同意を得て、重整計画が可決された（破産配当率は楽観的にみても1.36%と試算されていた）。

(c) DESの弁済原資

四川濾天化は１：1.6903419の比率で資本準備金を９億8,300万株に転換し、この株式をDESと弁済の原資に用いることとした。そのうち、①２億7,473万株は四川濾天化の債権者への弁済のために提供し、②２億1,927万株は、和寧公司の債務リスクを解消し、営業能力を維持するために、和寧公司の債権者に対し提供し、③４億7,000万株は公開の入札手続で選定されたスポンサーに譲渡し、④1,900万株は公開で売却し、その収益を会社の経営改善に用いられることとされた。

(d) スポンサー

本件において、選定されたスポンサーは、濾天化集団、江蘇天華、四川天乇という３社であった。これらの会社は、上記資本関係図のとおり、すべて濾天化集団のグループ会社であり、地方政府の支援を受けて実質的な支配者の変更を伴わず、上場会社という地位を利用してDESによる再建が図られた。

・　重整後の経営計画：①低効率や遊休の固定資産を売却し、資産構成を再構築する、②４億7,000万株を用いてスポンサーを募集し、その資金を継続経営に使用する、また③和寧公司の重整手続をバックアップし、その債務危機を解消する。具体的には、四川濾天化の株式を利用し、和寧公司の債権者に弁済するほか、和寧公司の債務について担保を提供する、④業務内容を変更し、現在の主要業務を強化しつつ、新しい業務を開拓する、⑤金融債権者は株主となり、瀘天化集団のガバナンスに参加する。

(v) 手続成立後の経緯

四川瀘天化は、現在も上場されており、再建を果たしている。2018年四川瀘天化の純利益は4.4億元であり、2019年の純利益は2.83億元となり、2020年の純利益は約3.5から4億元に達する見込みである。また、瀘天化集団の負債比率も120%から30.96%に下がっている。

(vi) 仲介役弁護士の役割

債権者委員会は仲介役の弁護士を起用した。この弁護士は債権者委員会に対して専門的なアドバイスを提供することで、金融機関、対象債務者、経営者、政府をつなぐ架け橋になった。仲介役の弁護士は、金融機関の意思決定を支援し、問題解決や再生手続の進行の効率性を大幅に向上させ、金融機関の債権者の法的権利と利益を保護し、有益な役割を果たした。

(2) 二重集団と二重重装の重整手続

(i) 事案の概要

本件は、中国第二重型機械集団公司（以下、「二重集団」という）およびその子会社である二重集団（徳陽）重型装備股份有限公司（以下、「二重重装」という）が、経済情勢、重機製造業のサイクル、および会社管理上の問題などの理由で債務超過に陥ったために、重整手続においてプレパッケージとDES等の方法を利用して、再建を実現した事例である。

本件では特に、①中国国内において初めてプレパッケージ制度を利用したとされていること、②資本準備金を原資として増資し、DESを利用し、帳簿上100%の弁済率を実現したこと、③重整計画を執行する際に企業の正常営業を維持したことといった点に特徴がある。

本件の事案の経過は以下のとおりである。

2008年　二重集団は、負債比率が急速に上昇していた。
2010年　二重重装は、上海証券取引所に上場した。
2011年　二重集団と二重重装は、経営悪化で赤字に陥った。かかる状況の下、事業を維持するため、金融機関から追加の借入れをした。
2013年7月　国務院の承認を経て、二重集団は、中国機械工業集団有限公司（以下「国機集団」という）との組織再編を行い、その完全子会社になった。
2014年5月　上海証券取引所は二重重装株式の取引を一時中止
2014年末　二重集団および二重重装の負債の総額は200億元を超え、全面的な債務不履行に陥った。中国銀行監督委員会と中国国家資産管理委員会の主導の下、約30社の金融債権者が金融債権委員会を設立し、二重集団、二重重装およびその株主と債務の整理を開始し、協議を行った。
2015年5月21日　二重重装が上場廃止
2015年7月20日　二重重装が全国中小企業株式譲渡システム（店頭株式市場）で株式取引を開始
2015年9月11日　金融債権者（金融機関）との間で事業再生の枠組について合意に達した。同日、債権者は人民法院に重整手続を申し立てた。
2015年9月21日　人民法院は二重集団と二重重装の重整手続の申立てを受理し、管財人を選任
2015年11月27日　第一回債権者会議、破産重整計画案が可決された。
2015年11月30日　人民法院は破産重整計画を承認した。
2016年4月　破産重整の執行完了

(ii)　債務者（債務者グループ）の概要

本件の債務者である二重集団は、1958年に設立され、中央政府に直接に管理される重機製造の基幹業者であり、中国最大の冶金整備、鍛造設備、風力発電用の鋳物等の大型鋳物の製造業者である。2001年に、二重集団等の三社は、二重重装を設立した。

重整手続申立時における債務者の概要は以下のとおりである。

社名	中国第二重型機械集団公司	二重集団（徳陽）重型装備股份有限公司
設立地	四川省	
業種	大型鋳物の製造、修理	
従業員数	合計7,000人以上	
負債総額	約200億元（そのうち、金融債権は約120億元）	
資産総額	合計210億元	
債権者数	2,000以上	
資本金	約20億元	約13億元

また、グループ各社の資本関係は下記のとおりである。

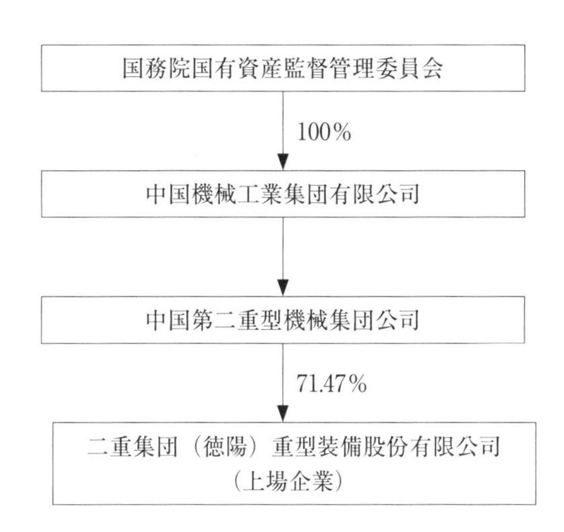

(iii) **主たる窮境原因と手続の選択**

業界の低迷状況が続き、市場の需要は大幅に縮小したこと、従業員数が多すぎたことなどにより、債務者の営業状況は悪化の一途を辿っていた。債務過多となり、顧客のニーズに沿った生産を保証できなくなった。

破産清算の場合の二重重装の普通債権者への弁済率は17.38%と試算された。

そこで、国務院国有資本監督管理委員会および中国銀行業監督管理委員会（現在の中国銀行保険監督管理委員会の前身）の指導の下、30社弱の金融債権者は「中国二重金融債権者委員会」を発足させた。当該委員会は本件におけるプレパッケージ手続に関する交渉をリードし、手続において主導的な役割を果たした。

ⅳ　重整計画の内容および特徴

重整スキームは、二重重装の正常な事業活動に影響を生じさせない前提で、債務再編を通じて巨額の債務を解消し、各金融機関の不良債権問題も解決することを目的としており、その具体的な内容は以下のとおりであった。

・二重重装は10：4.46の比率で資本準備金を102,287.85万株に転換し、株式総数を229,344.95万株から331,632.80万株に増加させた。さらに、全株主が持株比率に応じて二重重装の株式を一部持ち出し、合計87,370.74万株を債権者へのDESによる弁済に用いることとされた（二重集団は自ら保有する株式の45.32%〔74,283.54万株〕を、他の株主は自ら保有する株式の20%〔13,087.20万株〕をそれぞれ譲渡することとされた）。

・担保付き債権について、銀行の保有する担保付き債権は優先的に全額弁済を受け、国機集団およびその関連会社の保有する担保債権は重整手続において弁済を受けずに、重整終了後に割当増資等の方法で解決した。

・金融債権（担保なし）については、人民法院が重整計画案を承認してから1か月以内に、まず13.08%の返済率で一括して現金で弁済し、残りの86.82%は、5.29元/株の価格で、DESの方式により返済する。

・非金融一般債権について、25万元未満の債権は一括返済され、25万元を超える部分は、債権者に選択権があり、返済期間が長いほど返済率が高くなるとされた。つまり、弁済期間は2年、3年、5年のいずれかを選択することができ、返済率はそれぞれ55%、75%、100%とされた。
・二重集団の実質支配者である国機集団と二重集団は、二重重装に対する債権（約30億元）については、重整手続において弁済を受けず、重整手続完了後に割当増資等で解決する。
・人民法院の認可により、事業に関する契約を引き続き履行する。

(v) 手続成立後の経緯

二重重装は、2016年より連続で黒字化に成功し、再建を果たしている。2016年の純利益は3.58億元であり、2017年は4.45億元となった。2020年6月28日、上海証券取引所に改めて上場した（現在の社名は、国機重型装備集団股份有限公司である）。

(vi) 本件の意義

本件のプレパッケージ手続、債権委員会の導入およびDESの実施等は、他の案件の実務的な運用の参考とされた。具体的には、下記のとおりである。

① プレパッケージ手続は、私的整理手続と法的な重整手続を組み合わせる効率的な方法であり、その特徴としては、重整手続を申し立てる前に、債務者と債権者が協議し、債務者の事業回復と債務返済の計画を立てること、当該計画について、多数の債権者の同意を得る必要があること、反対意見を持つ少数債権者を拘束するために、裁判所の確認を経なければならないことが挙げられる。

② 約30社が参加した債権者委員会は、債権者、債務者、管財人、政府の法廷外の交渉を促進し、最終的な再建計画の合意に向けて、重要な役割を果たした。

③ 重整手続中、二重グループ内部の安定性を守ること、正常に経営を維持することも重整手続の成功に重要な要素である。重整手続において、裁判所の承認を得て、2,667件の契約を継続して履行し、

従業員の雇用を維持した。

④　二重重装の届出債権者は1,700を超えるため、書面による事前決議と現場の電子決議を合わせて決議を行った。

4　事業再生実務の最新動向

⑴　近時の大規模な債務不履行事例と事業再生事例

(i)　不良債権と社債の不履行の状況

中国における不良債権残高および社債の不履行総額は、いずれも右肩上がりの傾向にある。2014年に2兆元に満たなかった不良債権残高は、2020年には7兆元に到達した（下記左図参照）。また、社債の不履行総額についてみると、2018年に一気に悪化しその後も悪化傾向が続いている（下記右図参照）。

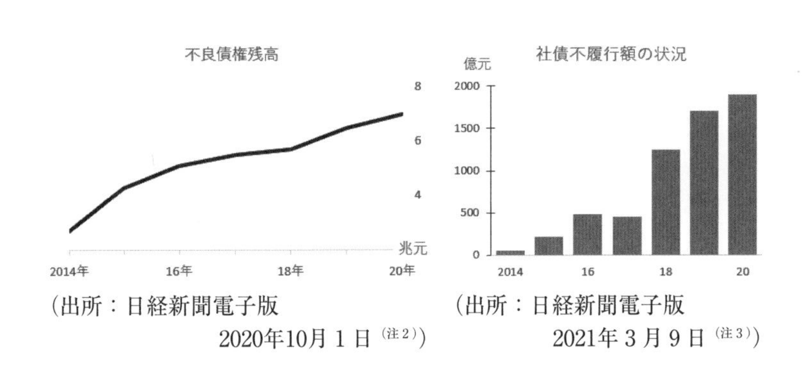

（出所：日経新聞電子版
2020年10月1日（注2））

（出所：日経新聞電子版
2021年3月9日（注3））

社債不履行の金額と合わせて件数の推移をみても、2018年からの増加が著しい（下図参照）。2020年の社債の不履行総額はさらに増加して1,900億元超に至っており、件数は民間企業の方が多数となっているものの、金額の割合をみると、民間企業は約1,020億元（6割弱）、国有企業は約880億元（4割強）となっており、件数に比して国有企業の債務

（注2）　https://www.nikkei.com/article/DGXMZO64484740R01C20A0FF1000/

（注3）　https://www.nikkei.com/article/DGXZQOGM05CMF005032021000000/

社債不履行の件数および金額推移

年	件数			金額	
	全体（件）	前年比	うち国有企業（件）	全体（億元）	前年比
2015年	27	—	5	122	—
2016年	56	207.4%	9	394	322.9%
2017年	34	60.7%	2	312	79.1%
2018年	125	367.6%	8	1,210	387.8%
2019年	178	142.4%	9	1,424	117.6%

（出所：ジェトロビジネス短信2020/1/10（注4））

不履行額が多額であることがわかる。

以上のように、2018年頃から一気に状況が悪化した最大の要因としては、米中貿易摩擦の先鋭化による関連産業への影響が挙げられる。また、2014から2018年の社債の不履行は、化学工業や機械設備などの製造業に集中していたが、2019年以降は、このような製造業のほか、小売・卸売、農林水産、交通運送・倉庫と、他業種の債務不履行も目立つようになった。

そして、2020年には、新型コロナウイルス感染症の蔓延によって、この悪化傾向にさらに拍車がかかることとなった。中国銀行保険監督管理委員会によると、2019年の貸倒処理額は2兆3,000億元であったところ、2020年の不良債権の処理額は約3兆元（約50兆円）となり、処理額はこの1年で急増した。同委員会によると、この1年間の増加の主たる原因は新型コロナウイルス蔓延の影響による経営難であり、この傾向は22年まで続く見通しとしている。

（注4） https://www.jetro.go.jp/biznews/2020/01/7ea6316c7194c4fc.html

(ii)　大規模な事業再生事例

社名	業種	原因／対応
海航集団	海運・航空が中心の複合企業	借入に偏った資金調達の下で行った事業規模の急拡大が行き詰まったところにコロナの影響を受けた。負債総額は約2兆元（約33兆8,335億円）。 2021年1月、関連300社含め重整手続が開始。スポンサーを募集すると同時に計画案の策定中。
北大方正集団	IT、医療（北京大学資産管理会社の子会社）	会社支配権の争いなどでガバナンスが不安定な中で徐々に経営不振に陥った。負債総額は約3,000億元（約5兆750億円）。 2020年2月、重整手続開始。深圳市傘下の国有企業や中央平安保険が最大733億元（約1兆2,400億円）出資する内容の計画案が策定される見込み。
華晨汽车集団	自動車	独自ブランドの開発不振による業績悪化の中でコロナの影響を受けた。負債総額は約1,300億元（約2兆2,350億円）。 2020年重整手続開始。傘下企業11社と合併する重整計画を検討中。
蘇寧易購集団	小売り（ラオックス、カルフール等を傘下に持つ）	事業の急拡大路線が不振の中でコロナの影響で一気に業績が悪化した。2021年3月、深圳市傘下の国有企業等から出資を含めて約200億元（約3,376億7,000万円）の支援を受けた。同年6月には、アリババグループと江蘇省政府のコンソーシアムによる出資が報道されるなど、引き続き経営再建が進められている。
冀中能源集団	資源	負債総額は約1,855億9,500万元（約3兆円）であり、金融機関と再建策を協議中。
泰禾集団	不動産	国有企業が救済を検討中。負債総額は約2,000億元（約3兆2,000億円）。
紫光集団	半導体（清華大学系）	積極的なM&Aによるのれんの計上とM&Aの買収資金が融資に偏っていたことによる財務状態の悪化が原因。 2020年末までに相次いで4度の社債のデフォルトを起こし（総額約3561億円）、2020年6月末時点で、1,566

		億元（約２兆4,750億円）の有利子負債を抱え、その５割強が１年以内に期限を迎えるとの報道もある。
永城煤電控股集団	資源、石炭	発行していた超短期社債が、2020年11月に、発行体として最高ランクの「AAA」の格付けを得ていたにもかかわらず、実質的にデフォルトした。債権者との厳しい交渉を経て、債務整理に合意したことから、約265億元（約4,200億円）の前倒し弁済を免れた。

このような大規模な事業再生事案のうち国有企業が関係する事案においては、倒産手続に入る場合もそうでない場合でも、他の国有企業がスポンサーとなって再建を図る傾向にある。この傾向は今後も続くとみられるが、支援する国有企業が見当たらないまたは交渉が難航する事案も出てきている。国有企業については、最終的には地方政府が援助し破綻や債務不履行を回避する慣行（いわゆる「隠れた債務保証」）があるとされていたが、ここ数年、地方政府の財政悪化が大きな問題となっており、必ずしも従前のように他の国有企業による支援が行われるとは限らない状況になっている。

また、大企業の債務不履行の発生によりその都度市場金利の反応などは生じるものの、連鎖破綻の危険があるわけではないと捉えられてきたことや、中国企業が、世界的にも新型コロナウイルス感染症の影響からの立ち直りが早いとされている強い立ち位置の影響等もあり、金利の急上昇は生じておらず、企業の資金調達への大きな影響は現時点では生じていないようである。ただし、2021年４月に中国の金利スプレッドが上昇したのは、中国企業の債務不履行や事業再生事案の増加が主たる要因であるとする報道もあり（日経新聞電子版2021年５月12日）、また、近時の大規模な不動産開発業者の財務危機の影響等、大規模な事業再生事例には引き続き注目すべきである。

(iii) 中国政府等の対応

2020年７月１日、中国人民銀行は、債務不履行の処理スキームの整備を加速し、債券市場のリスクを防止するとともに、投資者の利益を保護する必要性があるとして、「債務不履行の処理に関する通達」を公表した。主として、①投資家によるデフォルト社債の取引の促進、②デフォルト社債の処理手段の多様化の推進、③社債登録管理機構によるデフォルト社債処理のサポート、④デフォルト社債の評価サービスの提供推進、⑤クレジットデリバティブ市場の整備を行うとしており、いわゆる債権のセカンダリー市場の発展・整備を含めた対応がとられている。

また、2020年、新型コロナウイルス蔓延による影響を踏まえた金融財政政策として、①中期貸出ファシリティ金利・最優遇貸出金利の引下げ、②低利融資枠の提供（１兆元規模）・利払い優遇措置（利子の半分の政府負担）、③減税政策（１兆3,600億元規模の減税）、④社会保険料の減免政策（9,100億元規模の減免）など、流動性確保のための積極的な施策が行われた。

⑵　個人倒産制度の創設と運用の開始

中国には自然人のための倒産制度が存在せず、これまで、暴力的な債権の取立てを未然に防ぎ、社会的に有用な資源を効率的に再配分する手段として、たびたび、自然人の倒産制度の創設が議論されてきた。かかる議論を受けて、2020年８月26日、深圳経済特区における自然人の倒産手続に関する規定が採決され、このたび、地域限定ではあるものの、実験的に自然人の破産および再生の手続の運用が開始されることになった。

深圳市中級人民法院は、2021年3月1日から、中国初の自然人の倒産制度となる《深圳経済特区個人破産条例》の運用を開始した。また、この運用開始と同時に、新たに個人破産を担う行政機関である「深圳市破産事務管理局」（破産管理局）が設立され、その運営開始の式典が深圳市司法局で行われた。この組織は、個人破産および再生を申し立てた債務者のサポートを行っており、公費で弁護士を紹介して申立ての補助や書類の準備についての助言を行い、また計画に基づく弁済のサポートも行っている。このような運用は、自然人の倒産手続によって誠実な債務者だけが保護されるべきであり、債務者の悪質な債務逃れを防止すべきであるという考えに基づくものである。

この条例では、破産財団の対象とならない自由財産の範囲は総額20万元までとされており、これは深圳市でおおむね３人家族が１年間暮らすことができる金額とされている。

個人倒産手続の運用開始と同時に、中国最大のSNSであるWeChat（ウィチャット）のミニプログラムである、自己破産申請システム「深破繭」の運用も開始された。倒産の申立てから債権の届出、管財人の推薦、財産の申告、手続の進捗照会、情報伝達等の機能がオンラインアプリ上で提供されている。統計によると、個人倒産手続の運用が開始された2021年３月だけで200人以上が倒産の申立てをし、そのうち８割がスマートフォンからの申立てであった。また、同月中に手続の審理が開始された案件は８件であった。

深圳市はスタートアップ企業も多く、政府は新しい事業の立上げについて支援すると同時に、事業に失敗した者に対する寛容な手続を用意することで、起業の動きの妨げにならないように配慮しているものと言える。個人倒産手続は実験的なものではあり、今後は濫用的な申立てをどのように防止するかといった課題はあるものの、行政のサポートも充実しているようであり、今後の運用については注目が必要である。

⑶ 企業破産法の改正計画

全国人民代表大会の常務委員会は、2021年４月21日付で同年の立法作業計画を発表した。この計画によると、「データセキュリティ法」や「個人情報保護法」、「独占禁止法」などと並んで、企業破産法の改正についても審議対象となるものとされた。かかる立法動向にも注目が必要である。

【Part 1】アジア各国における事業再生の最新状況

コメント

東京大学大学院法学政治学研究科教授　松下　淳一

バラエティーに富んだ4か国のご報告はいずれも大変興味深いものでした。その感動あるいは知的興奮の余韻の最中に、私のコメントが水を差すことにならなければよいがと危惧しながら、角度を変えて4か国のご報告を、基調講演の最後で触れた「聞き所」に従って簡単に振り返ってみたいと思います。

1　クロスボーダーの倒産処理・事業再生に対する態度

クロスボーダーの倒産処理・事業再生に対してどのような態度を示すかはそれぞれの国の立法政策による。一方には、渉外的要素のある倒産事件の処理についてあまり積極的・協調的ではない立法政策があり、他方の極には、クロスボーダーの倒産処理・事業再生をなるべく自国で行おうという立法政策がある。この2つの立法政策の差は何から生まれるのか。

渉外的要素のある倒産事件の処理についてあまり積極的・協調的ではない立法政策（(これまでの) 中国）は、外国の倒産法あるいは倒産手続に対する不信感や警戒心から、なるべく他国の影響を受けずに自国内で倒産処理を完結しようとする考え方が背景にあるように思われます。

他方で、クロスボーダーの倒産処理・事業再生をなるべく自国で行おうという立法政策（シンガポール：外国企業による手続申立要件の整備（substantial connectionの要件の1つとしての「取引の準拠法がシンガポール法」)、国内債権者の国内資産に対する優先配当を意味するRing-fenceルールの撤廃等）は、倒産処理・事業再生は平常時のビジネスと不可分一体であり、それらをパッケージとして自国のリーガルサービスの対象とすることにより、自国にworld wideなビジネスの拠点を呼び込もう・誘致しようという意図があるように推察されます。

両者の差は、倒産処理・債務整理についての基本的な考え方の差に由来するとも考えられます。すなわち、国際倒産について消極的・非協調的な立法政策には、倒産処理とはビジネスの過程で不幸にして発生してしまった事象の後始末であり、他国と協調するような性質の事柄ではないという考え方が透けて見えます。このような考え方は、再建型の倒産処理が十分に発達しているとは言えず、清算型の倒産処理が中心である国に見られるように思われます。これに対して、国際倒産について積極的・協調的な立法政策は、倒産処理というのは平常時のビジネスと密接不可分で、市場における資源の適切な再配分や企業活動の効率化（不採算事業の市場からの早期退出、柔軟な企業再編）のために活用すべきものであるとの考え方と親和的であるように思います。ここで主として念頭に置かれているのは再建型の倒産処理であり、この次に述べる「市場化」とも関係します。

2　倒産処理・事業再生の「市場化」

倒産処理・事業再生について、裁判所や一部関係者のみが抱え込むのではなく、市場原理を利用する傾向があるように思われる。具体的に、どのような制度や運用を市場と関連付けて考えることができるのか。

例えば、Stalking Horse Bid方式のM&A手続の導入（韓国）に「市場化」の傾向を見てとることができようかと思います。コメント1で述べたように、倒産処理・事業再生というのは、単なる不幸の後始末ではなく平常時のビジネスと不可分一体であるという認識がここでも顔を出します。裁判所や一部の専門家の頑張りも必要ですが、倒産処理・事業再生もビジネスの一環である以上、債務者の事業価値の最大化を目指すのであれば、競争原理を活用する市場に適合的な仕組みであることが望ましいと考えます。中国における上場維持型の再建手法に係る四川瀘天化更生事件に登場した金融債権者委員会による関係者の利害調整も市場との対話を重視した例として興味深いと思います。

3　倒産処理・事業再生の「専門化」

倒産処理・事業再生に携わる制度あるいはヒトについて、専門性を高める傾向を見てとることができる。具体的には、どのような部門でどのような専門家を見てとることができるか。

倒産処理・事業再生が平常時のビジネスと不可分一体であるという認識を前提とすると、過去の事実を証拠で確定して権利義務の存否を判断するという司法部門の伝統的な役割の枠の外側で、異なる専門性を以て倒産処理・事業再生を行うのが適切であることになりそうです。管轄裁判所の集中（韓国）、管財人となる倒産専門家（Insolvency Professional）精度の新設や倒産手続全般を扱う専門機関である会社法審判所の設立（インド）等は、そのような認識に基づくものと思われます。

裁判所の専門化と関連して、クロスボーダーでの裁判所間の協働に向けた取組（韓国）も注目されます。

4　米国連邦破産法およびその下での実務の影響

現行の米国連邦破産法は1978年に立法されたものであり、倒産立法としてはかなり古いが、しかしいまなお各国の倒産立法にさまざまな影響を及ぼしている。今回のアジア4か国で、米国連邦破産法およびその下での実務に影響された動きを見てとることができるが、どのような点に動きを見てとることができるか、またそのような動きは何に起因するのであろうか。

automatic stay、super priority、cram down、倒産解除条項の制限

等々（シンガポール）、運用としてpre-package型手続（倒産手続の迅速化・簡素化）（シンガポール、韓国、中国）が、米国連邦破産法の影響を受けた立法あるいは運用であると思われます。米国連邦破産法のような立法が必要となるためには、経済活動やそれを支える金融等の仕組みがある程度高度化し、また担保法等の関連分野が整備されて実際に機能するようになることが前提となります。米国連邦破産法における規律と同様の立法あるいはその下での運用に類似する運用がされたということは、上述のアジア諸国の企業活動の発展段階が一定水準を超えたことを示唆しているように思われます。

以上に加えて、倒産手続の電子化・IT化が４か国とも極めて発展しているのはとても印象的でした。簡単ですが、第２部Part１のコメントは以上とさせていただきます。

✤✤✤✤✤✤✤✤✤✤✤✤✤✤✤✤✤✤✤✤✤✤✤✤✤✤✤✤✤✤✤✤✤✤✤✤✤✤

【Part 2】ラムスコーポレーション事例紹介

1　代表者個人破産事例報告

弁護士　相羽　利昭
弁護士　志甫　治宣

✤✤✤✤✤✤✤✤✤✤✤✤✤✤✤✤✤✤✤✤✤✤✤✤✤✤✤✤✤✤✤✤✤✤✤✤✤✤

1　本件事件における破産管財業務の特徴

❶　ユナイテッド・オーシャン・グループ（以下、「UOグループ」という）は、破産者（以下、「UOG代表者」という）が株式を保有し支配していた、UOグループの日本の拠点であるラムスコーポレーション株式会社および船舶を保有していたシンガポール法人・パナマ法人合計38社で構成される会社更生を申し立てられた法人、そして、船舶の運航管理をするシンガポール法人（以下、「UOSM（SPR）」という）、船員の手配をするインド法人（以下、「UOSM（India）」という）および資金管理会社の1社である英領ヴァージン諸島（以下、「BVI」という）法人（以下、「UOSM（BVI）」という）等の外国法人で構成されている。

❷　船舶の運航管理をするUOSM（SPR）や船員の手配をするUOSM（India）は日本国の金融機関から融資を受けていたわけでもなく、また、融資を受けた更生会社の債務について連帯保証人になっていたわけでもないことから、会社更生手続開始の申立ての対象会社とはされなかった。そのため、UOSM（SPR）とUOSM（India）は、UOG代表者の破産管財人が管理することとなった。

❸　UOグループ全体の事件（以下、「本件事件」という）は、船舶の造船代金や中古船の購入代金の融資を得る際に、UOG代表者らが金融機関に対しローン契約上の誓約違反に該当する書類を提出したことを発端とする紛争について、金融機関が、裁判手続外の私的な解決ではな

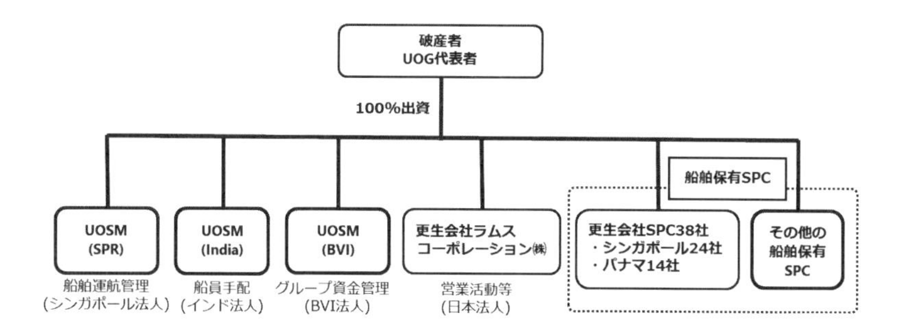

く、会社更生手続（以下、「本件更生事件」という）および破産手続（以下、「本件破産事件」という）という法的な倒産手続を利用し、UOグループ全体に法的な網をかけて債権回収を図ったものと見ることもできる。

そして、更生会社（そして、背後にいる更生会社の更生担保権者である融資をした金融機関）にとっては、更生会社が保有する船舶という資産を単純に売却処分するのではなく、船舶の運航管理を適切に行ってもらって、当該更生会社の顧客の貨物を安全に運送してもらうという海上貨物運送事業を維持する必要があるところ、それらの運航管理の重責を担うのは、更生会社ではない、外国法人のUOSM（SPR）やUOSM（India）であった。

このように、本件事件において、債権者である金融機関が、本件更生事件および本件破産事件を通じて、最大限の回収ができるようにするためには、通常の破産管財事件における主な管財業務である資産の売却処分や売掛金等の回収による資産回収のみならず、UOG代表者が株式保有により支配するUOSM（SPR）やUOSM（India）をして、適切に運航管理業務および船員手配業務を行わせ、更生会社が保有する合計38隻の船舶の海運貨物運送事業の継続に支障を与えないようにする必要があった。

❹ 本件更生事件等の申立てがなされた平成27年（2015年）11月11日以降、UOG代表者は、本件更生事件や本件破産事件の各申立てに対して不服申立て等をして争ってはいるものの、幸いにも船舶の運航管理に問題が生じて顧客に迷惑をかけることはできないとの使命感をもってい

たことから、UOSM（SPR）やUOSM（India）の主要な役員・幹部従業員に対し、更生管財人団らと協力して船舶の運航管理をするよう指示をしていたため、滞りなく運航管理業務をまっとうすることができた。

2　外国所在の預金の保全およびその回収

(1)　金融機関による保全の申立て

❶　金融機関は、本件更生事件等の申立て以前にUOG代表者やUOグループの資産調査をし、UOG代表者より銀行口座の残高証明書等の書類の提供を受けたことから、①UOG代表者の個人名義でスイス連邦法人のプライベート・バンクに日本円で数十億円相当の残高がある銀行口座（以下、「代表者スイス口座」という）および②UOG代表者が100％株式を保有するUOSM（BVI）の名義でスイス連邦法人のプライベート・バンクに日本円で200億円超の残高がある銀行口座（以下、「BVIスイス口座」といい、代表者スイス口座と併せて「本件各預金口座」という）の存在を認識した。

❷　本件破産事件については、平成27年（2015年）11月11日に破産手続開始の申立てがなされたが、UOG代表者が、破産申立債権者に対する債務を一括弁済する用意があるので支払不能ではなく、破産原因が存在しない等と争ったため、破産手続開始決定を得られる時期が不分明な状態であった。

このように、破産手続開始決定以前においては、スイス連邦法人のプライベート・バンクに開設された本件各預金口座を保全する主体はUOG代表者の債権者である金融機関しか存在しなかった。金融機関は本件各預金口座の二百数十億もの多額の預金が流出してしまうおそれを強調し、金融機関が債権者としてスイス連邦の裁判所に保全の申立てをする必要がある旨主張した。もとより、破産管財人候補者の立場としても、破産手続開始決定後の管財業務の円滑な遂行の観点からみて、多額の預金が保全されている状態のほうが好ましいことは明らかであり、当職らは、破産裁判所とも相談の上、金融機関の保全の申立てを了承することとした。そこで、金融機関5行は、平成27年（2015年）11月から12月にかけて順次、スイス連邦の裁判所に対して、本件各預金口座を保全するため、日本法でいうところの保全命令の申立てをした。

❸ UOG代表者は、日本国の本件破産事件において破産原因の存在を争う際、要旨、UOG代表者は、UOSM（BVI）名義のBVIスイス口座を自由に処分でき、破産申立債権者の債務を全額支払えるので破産原因がないと主張した。そこで、金融機関は、スイス連邦の裁判所に対し、UOG代表者は上記の主張をしており、これは法人格否認の法理を基礎付けるものである旨主張立証したところ、スイス連邦の裁判所は、金融機関の主張を認め、平成27年（2015年）12月、UOG代表者の個人名義の銀行口座である代表者スイス口座のみならず、UOSM（BVI）名義のBVIスイス口座についても保全命令を認めた。

❹ その後、平成28年（2016年）1月4日、東京地方裁判所は、UOG代表者につき破産手続開始の決定をし、同時に相羽利昭を破産管財人に選任した。

(2) 代表者スイス口座の回収方法

(i) 2つの回収方法

上記のとおり、スイス連邦の裁判所より、本件各預金口座を保全する旨の裁判を得ることができ、本件各預金口座の保全に成功した。その後の回収方法を具体的に検討したところ、代表者スイス口座の資金を回収する方法として、①破産管財人がスイス連邦の裁判所に対し、ミニ・バンクラプシーという手続、すなわち、日本国の破産手続開始決定をスイス連邦の裁判所に承認してもらい、また、スイス連邦国内の債権者の有無を確認する等、現地法に基づく債権者保護の手続を経た上で、残金を破産管財人が回収するという方法（以下、「管財人ルート」という）と②保全命令の申立てをした債権者である金融機関が引き続きスイス連邦の裁判手続を進め、保全した資産を回収し、その回収金を任意に破産財団に組み入れる方法（以下、「債権者ルート」という）の2つの選択肢があることが判明した。

(ii) **各ルートのメリット・デメリット**

管財人ルートおよび債権者ルートのメリットとデメリットは、概要、以下のようなものであった。

(a) **管財人ルート**

(ア) **メリット**

・破産管財人が破産者の海外資産を回収するという本来の方法での回収である。
・ミニ・バンクラプシーを申し立てると、スイス連邦がUOG代表者のスイス連邦国内の個人資産の調査を行うので、破産管財人のみでは調査が不十分となりがちな資産調査を行うことができる。

(イ) **デメリット**

・債権者ルートより回収に時間がかかる可能性がある。
・スイス法弁護士より、スイス連邦国内の債権者への弁済をした後の余剰金を日本国に送金するには、日本国の債権者表（日本国の破産手続における債権認否表）が拘束力のある最終的なものであること、また、スイス連邦の公序に反しないものであること等の要件を充足することが必要であり、本件破産事件の特殊性から、スイス連邦の裁判所が日本国の裁判手続で確定した債権認否表を認めない可能性もあり、その場合には日本国への送金が実施できなくなる可能性があるとの指摘を受けている。

(b) **債権者ルート**

(ア) **メリット**

・過去の実例から見て、管財人ルートより早く回収できる可能性が高い。

・管財人ルートのデメリットである「スイス連邦の裁判所が日本国の裁判手続で確定した債権認否表を認めない可能性もある」ことを回避できる。

(イ) デメリット

・管財人ルートのメリットであるスイス連邦内におけるUOG代表者の調査が実施されない。
・表面的に見ると、日本国における破産手続開始決定後においても、破産管財人ではなく、破産債権者が破産者の海外資産の回収をしているようにも見え、事情を知らない第三者から見ると違和感がある。

(iii) 債権者ルートを選択

ア　通常の破産管財事件において、破産手続開始決定後、破産財団所属財産の資産回収を破産債権者に行わせることはあり得ず、むしろ破産債権者の関与を排除し、管理処分権を有する破産管財人が行う。

イ　しかしながら、本件破産事件においては、以下のような事情があった。すなわち、本件事件は、金融機関が、法的手続で回収を図るため、債権者申立てにより、39社については本件更生事件の、UOG代表者については本件破産事件の各申立てをした事件である。そして、金融機関は、どのような手段方法で破産財団に属する資産を確保回収するかについて極めて重大な関心を寄せており、かつ、資産の確保回収の方法について検討していた。その一環として、破産財団となるべき資産の流出を防ぐという、破産管財人と破産債権者の共通の利益のために、金融機関はスイス連邦の裁判所に本件各預金口座の保全命令の申立てをした。

このように、金融機関は、UOG代表者の本件破産事件における主要な財産の1つである代表者スイス口座をどのような方法で確保回収するのがより適切であるかにつき、自身の意見を持っていた。

ウ　上記のとおり、管財人ルートおよび債権者ルートにはそれぞれメリットとデメリットがあり、どちらか一方が唯一正しい回収方法であるということはできない。破産管財人としては、金融機関の意見もふまえ、破産裁判所とも相談の上、最終的には、破産管財人がミニ・バンクラプシーという手続を行って回収するより、金融機関が取得した保全命令に引き続いてスイス法による裁判手続を継続するほうが短い期間で回収ができる可能性が高いというメリット、また、スイス連邦の裁判所が日本国の裁判所において認められた債権認否表を承認しないリスクがあるというデメリットの回避を重視し、債権者ルートの方法により代表者スイス口座の回収を図ることとした。

エ　最終的な解決に際しては、当職らは、金融機関が債権者ルートにより回収した金員は、回収後速やかに破産管財人に送金する旨、また、金融機関が負担したスイス連邦の裁判手続費用のうち破産管財人と金融機関が協議の上相当と認めた金額を和解金として支払う旨定めた合意書を、破産裁判所の許可を得た上で金融機関と締結した。

⑶　BVIスイス口座の回収方法――承認援助の申立て、外国法人の株主名義・役員名義の変更等

⑴　上記2⑴❸のとおり、BVIスイス口座も保全命令の対象となり、資産の散逸防止には成功した。しかしながら、BVIスイス口座の保全命令は、日本法でいうところの法人格否認の法理の理論で保全が認められたものであり、保全以降の法的な債権回収手続（日本法でいえば本訴および強制執行手続）において問題なく回収することができるのか不確実なところがあり、また、UOG代表者も、UOSM（BVI）の役員として、現地の弁護士に依頼し、金融機関の申し立てたスイス連邦の裁判手続に対し争っていた。

そこで、破産管財人がBVIスイス口座の資産を確実に確保し回収するため、①BVIの裁判所から日本国の破産手続開始決定を承認する旨の決定を得る、②UOSM（BVI）の株主・役員の登録情報を破産管財人に変更する、③BVIスイス口座の預金の払出権者を破産管財人に変更するという方法によることとした。すなわち、BVIスイス口座については、い

わば管財人ルートにより債権回収を図ることとしたものである。具体的には(2)以下のとおりである。

(2) 当職らは、平成27年（2016年）5月12日、UOSM（BVI）の設立国であるBVIの裁判所に対し、日本国の破産手続開始決定の承認を求める裁判を提起し[注1]、同月26日、承認決定を得た[注2]。

なお、破産管財人がBVIスイス口座の払出権者となり、同口座の支配権を得るまで、金融機関に対し、BVIスイス口座の保全命令の効力を維持するため、スイス連邦の裁判所に係属しているUOSM（BVI）を相手方とする裁判手続は維持してもらった。

(3) UOSM（BVI）の株主名義・役員名義の変更については、BVI法弁護士の協力を得た上で、UOSM（BVI）の株主名義等の変更を管理するコーポレート・エージェントに対し、BVIの裁判所の決定等、それぞれの名義変更に必要な書類を送り、破産管財人名義に変更した[注3]。

(4) 上記(3)の手続を経た上で、BVIスイス口座を開設しているプライベート・バンクに対し、UOSM（BVI）の株主名義・役員名義が変更された旨連絡し、当該預金口座の変更等の手続、特に預金の払出権者を破産管財人に変更する手続を行った。

（注1） 本稿では詳細な説明をすることは省略するが、外国の裁判所に対して日本国の破産手続開始決定の承認を求める裁判を提起する際の主な提出書類は①申立書、②承認援助を求める必要性・相当性等を根拠付けるための申立人である破産管財人の陳述書、③日本国の破産制度を説明する第三者的な立場にある日本法弁護士の意見書等であるが、日本法弁護士は当該外国の法令や実務運用を正確に知ることは困難な場合が多いので、現地法弁護士の協力が不可欠と思われる。

（注2） 具体的には、平成28年（2016年）5月26日付けで、破産管財人が、BVI法で定められるところの外国代表者として承認された旨、UOG代表者が保有するBVI法人の株式等の動産を移転するために必要なすべての措置を講じることが許可された旨等の決定を得た（資料1）。

（注3） BVIにおいては、法人の株主名義・役員名義の変更等を私企業が担当しており（本件においては、Newhaven Corporate Services（B.V.I.）Limitedである）、株主の登録については資料2－1、役員登録については資料2－2のような登録簿により管理されている。なお、UOSM（BVI）の役員および株主名義が破産管財人に変更された後の証明書は資料3のとおりである。

⑸　上記⑷の手続を終え、破産管財人がBVIスイス口座の払出権者に変更された後、当職らは、その旨金融機関に連絡し、金融機関にUOSM（BVI）を相手方とするスイス連邦の裁判手続の申立てを取り下げてもらい、BVIスイス口座に対するスイス連邦の裁判所の保全命令の効果を解除させた。これにより、破産管財人は、BVIスイス口座の払出権者として、同口座を解約し、日本国の預金口座に送金し、BVIスイス口座の資金を確保することができた。

⑹　以上のとおり、当職らがBVIスイス口座の資金を無事に確保できたのは、①代表者スイス口座のみならず、BVIスイス口座をも保全の対象とする保全命令がスイス連邦の裁判所より得られたこと、②当職らがBVIの裁判所に承認援助の申立て等をし、BVIスイス口座の払出権者となるまでの間、保全命令の効力を維持するため、金融機関にUOSM（BVI）を相手とするスイス連邦の裁判手続を維持してもらったことによるものであり、破産手続開始決定以後においても、破産債権者である金融機関の協力を得ることができたことによるものといえる。

⑷　小括

以上のとおり、本件破産事件においては、管理型の破産管財事件であるにもかかわらず、回収の対象資産が外国にあるなどの特殊性から、２⑵の代表者スイス口座についても、２⑶のBVIスイス口座についても、破産手続開始決定以後も、破産債権者である金融機関の協力を得て回収したという特殊性があった。

3　船舶の処分に関する更生事件と破産事件の比較

⑴　更生会社における売船の状況

更生管財人が行った売船活動等について、UOG代表者は非協力的であったとのことである。本件更生事件は、債権者申立てによる更生事件であり、これまでローンの弁済を１度も怠ったことがなかったにもかかわらず、本件更生事件を申し立てられたことに対する債権者への不満、また、当時、海運市況が最悪であって、売船価格も下落しており、海運事業の経営者の平場の感覚からすると、何らかの方法で資金をつないで急場をしのぎ、市況が回復するのを待つべきであって、海運市況が最悪のときに売船すべきではないとの強い意見を持っていたことによるものと思われる。なお、もちろん、債権者申立てにより、本件更生事件および本件破産事件の各申立てをされており、UOグループとして、そのような資金手当てをして急場をしのぐような対応は現実的には困難ではあった。

(2) 本件破産事件に関する売船の状況

❶ そのような折り、破産財団に所属するシンガポール法人およびパナマ法人が船舶を１隻ずつ保有しており、当職らは、当該外国法人をして、それらの船舶を売船する必要があった。なお、当該パナマ法人は、破産手続開始決定以前にすでに820万米ドルで売買契約を締結しており、クロージング未了の状況であり、シンガポール法人が所有する船舶については売却活動が未着手の状態であった。

❷ 破産財団所属の上記の外国法人が保有する船舶は、更生会社が保有する船舶とは異なり、船舶を保有している外国法人の船舶の造船代金または購入代金にかかるローンが完済していた。したがって、当該船舶を保有する外国法人の債権者に、本件更生事件や本件破産事件を申し立てた金融機関はいないため、UOG代表者において、当該外国法人が保有する船舶を売却処分することに心理的な抵抗が少なかったように思われる。

また、特に破産手続開始決定時において売買契約を締結済みであったパナマ法人については、破産手続開始決定以前にUOG代表者自身が売却することを決定して売買契約を締結しており、かつ、当時、海運市況が最悪であり、売船価格も下落している状況にあったため、締結済みの売買契約のクロージングをする方がこれから売却先を新たに選定して売買するより高い金額で売却できるという経済合理性があった。そのようなことから、UOG代表者は、船舶の売却に協力してくれた（ただし、締結済みであった上記売買契約は買主が引取りを拒絶し、クロージングに至らなかった）。

❸　以上のとおり、シンガポール法人およびパナマ法人が保有する船舶の売却処分については、当該法人の100％株主であり、役員であるUOG代表者が協力的であったため、UOG代表者が、船舶を保有するシンガポール法人やパナマ法人の役員として、船舶の売却にかかる諸々の書類のサインをすることにより、任意売却を行った。

【資料1】

IN THE EASTERN CARIBBEAN SUPREME COURT
IN THE HIGH COURT OF JUSTICE
VIRGIN ISLANDS
COMMERCIAL DIVISION
CLAIM NO. BVIHC (COM) [redacted] OF 2016

FEE STAMPS ON ORIGINAL
$25.00

REGISTRAR HIGH COURT COMMERCIAL DIVISION
30/5/16
3:55pm
VIRGIN ISLANDS

IN THE MATTER OF PART XIX OF THE INSOLVENCY ACT 2003
AND IN THE MATTER OF [redacted] (A BANKRUPT)

TOSHIAKI AIBA

Applicant

ORDER

BEFORE: The Honourable Justice [redacted]

MADE: The 26th day of May 2016

ENTERED: The 30 day of May 2016

UPON THE APPLICATION of the Applicant, Toshiaki Aiba dated 12 May 2016;

AND UPON READING the documents on the court file including the Affidavit of the Applicant dated 12 May 2016 and the Affidavit of [redacted] dated 12 May 2016;

AND UPON HEARING [redacted] and [redacted] of Walkers on behalf of the Applicant;

IT IS HEREBY ORDERED that:

1. The Applicant is recognised by this Honourable Court as the foreign representative within the meaning of Part XIX of the British Virgin Islands Insolvency Act 2003 (the "**Act**"), as the Trustee in Bankruptcy of the Estate of [redacted];

2. The Applicant be permitted to take all steps necessary in order to reduce the movable property in the name or beneficial ownership of [redacted] within the British Virgin Islands ("**Property**"), including but not limited to the 100% issued shares held by [redacted] or on his behalf in [redacted], into the possession and/or control of the Applicant;

3. Any moveable property within the British Virgin Islands in the name or beneficial ownership of [redacted] shall forthwith be reduced into the possession and/or control of the Applicant. This is an *in rem* order.

5045156.1 A4683.H12937

4. Any person within the jurisdiction of this Honourable Court holding such Property shall forthwith deliver or transfer the same to the Applicant on being required by the Applicant to do so;

5. The costs of this Application shall be paid out of the bankrupt's estate

BY THE COURT

Dep **REGISTRAR**

5045156.1 A4683,H12937

IN THE EASTERN CARIBBEAN SUPREME COURT
IN THE HIGH COURT OF JUSTICE
VIRGIN ISLANDS
COMMERCIAL DIVISION
CLAIM NO. BVIHC (COM) ■ OF 2015

IN THE MATTER OF THE INSOLVENCY ACT 2003
AND IN THE MATTER OF ■ ■ A BANKRUPT

TOSHIAKI AIBA

Applicant

ORDER

Walkers
Legal Practitioners for the Applicant

171 Main Street
PO Box 92
Road Town, Tortola
British Virgin Islands

Tel: 284 494 2204
Fax: 284 494 6683
Ref: CF//H12937

5045156.1 A4683.H12937

（日本語参考訳）

東カリブ最高裁判所
高等法院
ヴァージン諸島
商事部
請求番号　BVIHC（COM）　2016 年

2003 年破産法の第 19 編の件
（破産者）の件

相羽　利昭

<u>申立人</u>

決定

裁判官：　　判事

決定日：　　2016 年 5 月 26 日

確定日：　　2016 年 5 月 30 日

申立人たる相羽利昭の 2016 年 5 月 12 日付け**の申立てにより、**

2016 年 5 月 12 日付けの申立人の宣誓供述書および 2016 年 5 月 12 日付けのの宣誓供述書を含む裁判所のファイルにある文書**を読んだうえで、**

申立人の代理人であるウォーカーズ法律事務所のと**から聴取したところにより**

ここに以下のとおり決定する。

1. 当法廷は、申立人をの資産の破産管財人として、英領ヴァージン諸島 2003 年破産法（以下「**本法**」）の第 19 編の意味における外国代表者と認める。

2. 申立人は、またはその代理がにおいて保有する全発行済株式を含むが、これに限られない、英領ヴァージン諸島における名義またはが受益所有権を有する動産（以下「**財産**」）を申立人に帰属させるか、またはその管理下に置くために必要なすべての措置を講じることを許される。

3. 英領ヴァージン諸島における名義またはが受益所有権を有する動産はいずれも、直ちに申立人に帰属させるか、またはその管理下に置かれなくてはならない。これは対物決定である。

5045156.1 A4683.H12937

4. 当法廷の管轄区域における当該財産の保有者はすべて、申立人から要請を受けた場合、直ちに当該財産を申立人に引き渡すか、または移転しなければならない。

5. 本申立ての費用は、破産財団から支払われるものとする。

裁判所により発行

Dep **記録官**

5045156.1 A4683.H12937

東カリブ最高裁判所
高等法院
ヴァージン諸島
商事部
請求番号 BVIHC（COM） 2015 年■■■

2003 年破産法の件
破産者■■■■■■■■の件

相羽 利昭

申立人

決定

ウォーカーズ法律事務所
申立人代理人弁護士

英領ヴァージン諸島
トルトラ、ロード・タウン
PO ボックス 92
171 メイン・ストリート

電話：284 494 2204
ファックス：284 494 6683
参照番号：CF//H12937

5045156.1 A4683.H12937

【資料2】

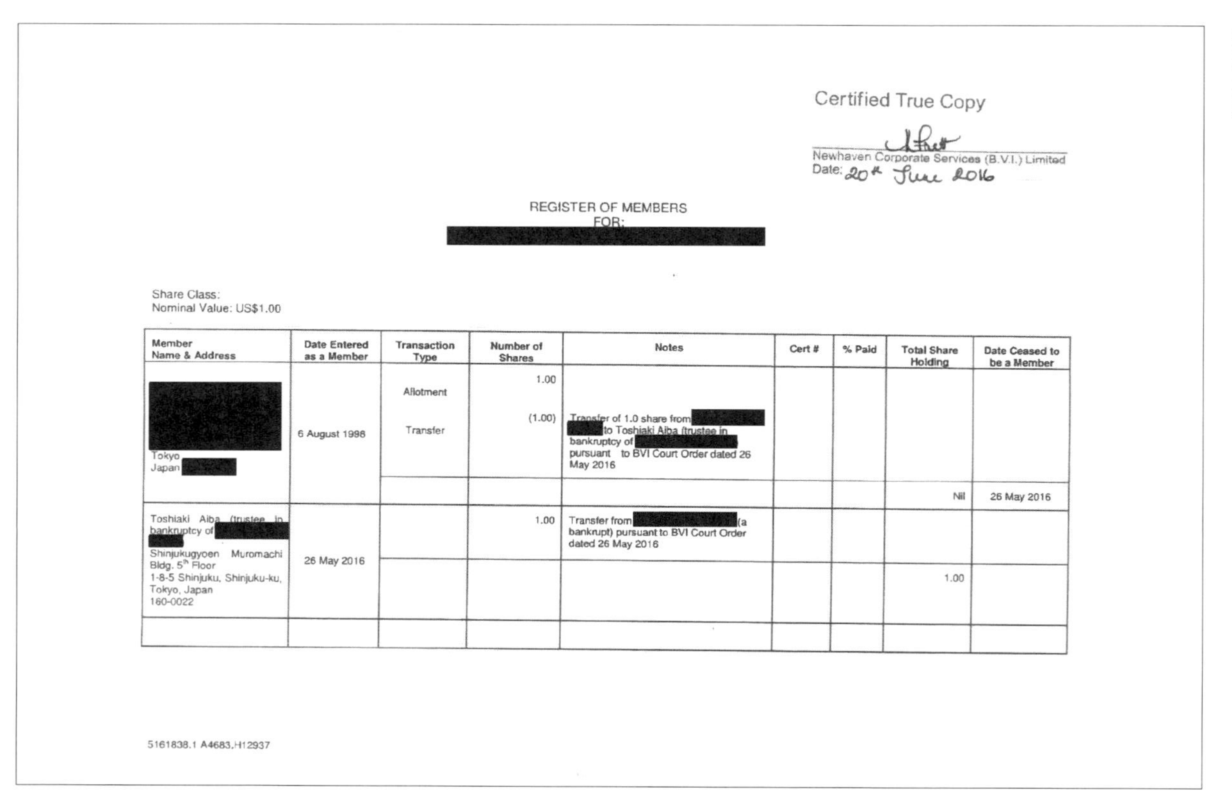

Certified True Copy

Newhaven Corporate Services (B.V.I.) Limited
Date: 20th June 2016

REGISTER OF MEMBERS
FOR: [redacted]

Share Class:
Nominal Value: US$1.00

Member Name & Address	Date Entered as a Member	Transaction Type	Number of Shares	Notes	Cert #	% Paid	Total Share Holding	Date Ceased to be a Member
[redacted] Tokyo Japan [redacted]	6 August 1998	Allotment	1.00					
		Transfer	(1.00)	Transfer of 1.0 share from [redacted] to Toshiaki Aiba (trustee in bankruptcy of [redacted]) pursuant to BVI Court Order dated 26 May 2016				
							Nil	26 May 2016
Toshiaki Aiba (trustee in bankruptcy of [redacted]) Shinjukugyoen Muromachi Bldg. 5th Floor 1-8-5 Shinjuku, Shinjuku-ku, Tokyo, Japan 160-0022	26 May 2016		1.00	Transfer from [redacted] (a bankrupt) pursuant to BVI Court Order dated 26 May 2016				
							1.00	

5161838.1 A4683.H12937

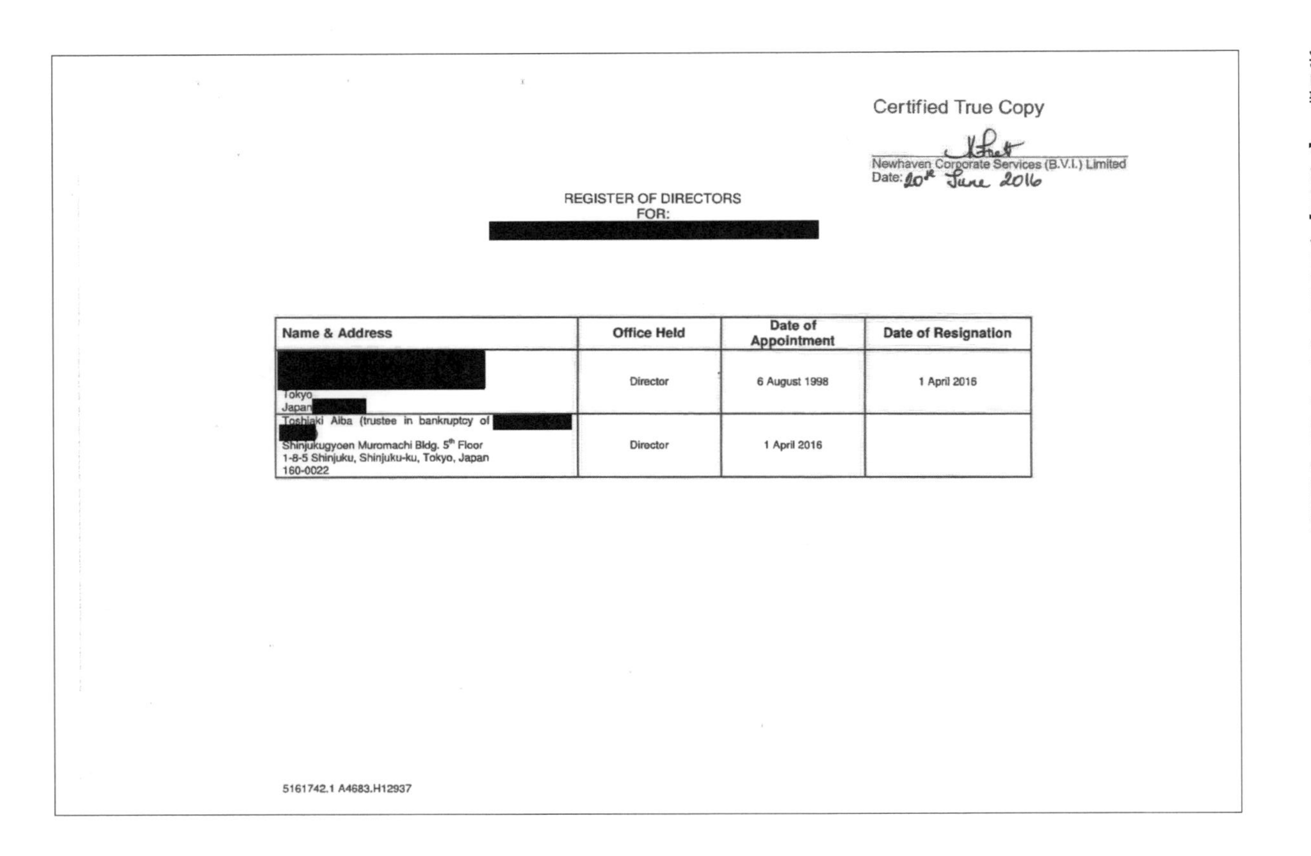

Certified True Copy

Newhaven Corporate Services (B.V.I.) Limited
Date: 20th June 2016

REGISTER OF DIRECTORS
FOR:

Name & Address	Office Held	Date of Appointment	Date of Resignation
Tokyo Japan	Director	6 August 1998	1 April 2016
Toshiaki Aiba (trustee in bankruptcy of) Shinjukugyoen Muromachi Bldg. 5th Floor 1-8-5 Shinjuku, Shinjuku-ku, Tokyo, Japan 160-0022	Director	1 April 2016	

5161742.1 A4683.H12937

【資料3】

Newhaven Corporate Services (B.V.I.) Limited
3rd Floor, J & C Building
P.O. Box 362
Road Town, Tortola
British Virgin Islands
VG1110

Telephone: 284-494-5108
Facsimile: 284-494-4704
Email: info@newhavenbvi.net
Website: www.newhavenbvi.net

(the "Company")

CERTIFICATE OF INCUMBENCY AND MEMBERSHIP

We, Newhaven Corporate Services (B.V.I.) Limited of 3rd Floor, J & C Building, P.O. Box 362, Road Town, Tortola, British Virgin Islands, VG1110, being the Registered Agent of the above Company hereby certify, to the best of our knowledge and belief:

1. Newhaven Corporate Services (B.V.I.) Limited is the Registered Agent of and provides the Registered Office for the Company.
2. The Registered office and address of the Company is 3rd Floor, J & C Building, P.O. Box 362, Road Town, Tortola, British Virgin Islands, VG1110.
3. According to the records available at the Registered Office of the Company, the Company is duly incorporated, validly existing and in good standing under the laws of the British Virgin Islands.
4. The Company maintains a Register of Charges; a copy of which is attached to and forms part of this certificate.
5. According to the records available at the Registered Office of the Company, proceedings are pending or threatened against the Company.
6. No action has been taken to wind-up the Company or to appoint a receiver over its assets.
7. The Company was incorporated on
8. The Company Registration Number is
9. The Current Directors is as follow:

Name	Office held	Date of Appointment
Toshiaki Aiba (trustee in bankruptcy of)	Director	1 April 2016

10. The Authorised Share Capital is US$50,000.00.
11. The Issued Share Capital is US$1.00.

12. The Current Shareholder is as follow:

Name	No. of Share Held
Toshiaki Aiba (trustee in bankruptcy of [redacted])	**1**

We also confirm that the share currently issued is in Registered Format.

We issue this certificate relying solely on the documents that have been delivered to us by the directors, officers, and members of the above-named Company to be kept by us as Registered Agent of the Company at the Company's Registered Office in the British Virgin Islands. We have assumed that such documents are true and accurate and have assumed that all signatures and seals contained in such documents are genuine and correspond to the signatures and seals of the persons that purport to be signing or sealing the said documents.

IN WITNESS WHEREOF, the undersigned has executed this certificate this 21st day of July, 2016

Newhaven Corporate Services (B.V.I.) Limited
Registered Agent

（日本語参考訳）

ニューヘイブン・コーポレート・サービス
（ビーブイアイ）リミテッド
VG1110
英領ヴァージン諸島
トルトラ、ロード・タウン
P.O.ボックス 362
J & C ビルディング 3 階

電話： 284-494-5108
ファクス： 284-494-4704
電子メール： info@newhavenbvi.net
Web サイト： www.newhavenbvi.net

（以下「本会社」）

在職および社員証明書

英領ヴァージン諸島トルトラ、ロード・タウン P.O.ボックス 362 J & C ビルディング 3 階に所在する当社、ニューヘイブン・コーポレート・サービス（ビーブイアイ）リミテッドは、上記本会社の登録代理人として、当社の知る限りおよび信じる限りにおいて、以下のとおり証明する。

1. ニューヘイブン・コーポレート・サービス（ビーブイアイ）リミテッドは、本会社の登録代理人であり、本会社に登録事務所を提供している。
2. 登録事務所および本会社の住所は、VG1110 英領ヴァージン諸島トルトラ、ロード・タウン P.O.ボックス 362 J & C ビルディング 3 階である。
3. 本会社の登録事務所において入手可能な記録によると、本会社は、英領ヴァージン諸島法に従って正式に設立され、有効に存続し、かつ、企業として適格な要件を具備している。
4. 本会社は、担保権記録簿を維持している。当該担保権記録簿の写しは、本証明書に添付され、本証明書の一部を構成する。（訳注：写しは省略）
5. 本会社の登録事務所において入手可能な記録によると、本会社に対する訴訟手続が係属中であるか、または提起される恐れがある。
6. 本会社を清算するか、または本会社の資産に対する財産保全管理人を指名するための措置は講じられていない。
7. 本会社は、　　　に設立された。
8. 会社登記番号は　　　である。
9. 現在の取締役は以下のとおりである。

氏名	役職名	任命日
相羽　利昭（　　　の破産管財人）	取締役	2016 年 4 月 1 日

10. 授権資本額は 50,000.00 米ドルである。
11. 発行済株式資本は 1.00 米ドルである。

12.　現在の株主は以下のとおりである。

氏名	保有株式数
相羽　利昭（■■■■の破産管財人）	**1**

また、現在発行済みの株式が記名式であることを確認している。

当社は、上記本会社の取締役、役員および社員から引き渡された文書のみに依拠してこの証明書を発行する。これらの文書は、英領ヴァージン諸島に所在する本会社の登録事務所において、本会社の登録代理人である当社が保管するために引き渡されたものである。当社は、当該文書が真正かつ正確であると想定しており、かつ当該文書に含まれる署名および捺印は、すべて真正なものであり、当該文書に署名または捺印したとされる者による署名および捺印と一致していると想定している。

上記の証として、下記署名者は、2016 年 7 月 21 日付けで本証明書に署名した。

ニューヘイブン・コーポレート・サービス
（ビーブイアイ）リミテッド
登録代理人

【Part 2】ラムスコーポレーション事例紹介

2 ラムス更生事例報告

弁護士 進士　肇
弁護士 丸山　貴之

1 はじめに

本稿にて紹介するのは、外航船を保有し外航船舶運航事業者に傭船することを業務内容とするグループ会社39社の会社更生事件であり、2021年10月現在、筆者らは管財人および管財人代理として本件に関与している。更生会社39社のうち38社は外国法人であり、本件は、外国に資産を有する外国法人につき、日本の裁判所において、債権者の申立てにより更生手続が開始したという特殊性を有するため、その手続の過程でさまざまな論点が生じた。本稿では、本件の事案の概要を紹介しつつ、かかる論点のうち特に国際倒産に関係するものを取り上げ、検討を行うこととする。

2 事案の概要

(1) 更生会社を含むUOグループ

更生会社39社のうち、１社は日本法人であるラムスコーポレーション株式会社（以下、「ラムス社」という）、38社は外国法人である。外国法人38社のうち24社はシンガポール法人、14社はパナマ法人で、いずれも船舶１隻を所有し外航船舶運航事業者に傭船することを目的とする特別目的会社であり、従業員は存在しない（以下、これら38社を個別にまたは総称して「更生会社SPC」という）。更生会社SPCは、その所有する船舶につき外航船舶運航事業者Ｎ社との間で定期傭船契約を締結し、Ｎ社から支払われる傭船料を唯一の収入としていた。

更生会社SPCは、新規に船舶を建造しまたは中古船を購入する際の資金を金融機関からの借入れにより調達しており、かかる借入れに関する契約の交渉や締結、また所有する船舶をＮ社に対し傭船に出すための営業、契約交渉・締結等の業務については、東京都内に本店を有するラムス社にて行っていた。

更生会社SPCは、Ｎ社に対し傭船に出した船舶の運航管理について、グループ会社のシンガポール法人（以下、「UOSM（SPR）」という）に対し委託していた。更生会社SPCは、UOSM（SPR）との間で締結した船舶運航管理契約に基づき、UOSM（SPR）に対して船舶費用（船員の給与、食料代、燃料代、損害保険料、管理費用、修繕費用等）の支払を行い、UOSM（SPR）が船舶費用の債権者（船員、食品・燃料等の供給業者、損保会社、港湾関係者、船舶修理業者等）に対する支払を行っていた。このように、更生会社SPCは、船舶費用につき、船舶の運航管理者であるUOSM（SPR）への支払さえ行えば、船舶費用の債権者に対してはUOSM（SPR）から支払が行われるため、船舶費用の債権者から直接の取立てを受けることはなく、船舶費用の不払が生じて船舶先取特権を行使されるという事態を回避することが可能な状況であった。

ラムス社、更生会社SPCおよびUOSM（SPR）の株式を100％保有し、かつ代表者を務めていたのが、日本に在住しインド国籍を有する個人（以下、「UOG代表者」という）である。UOG代表者は、その他、グループ会社の資金管理を行う英領ヴァージン諸島法人（以下、「UOSM（BVI）」という）やグループ会社の所有する船舶につき船員の派遣等を行うインド法人（以下、「UOSM（India）」という）、更生会社SPC以外の船舶を保有する特別目的会社についても、基本的にすべての株式を所有し、代表者を務めていた。これらの会社は「ユナイテッド・オーシャン・グループ」と呼ばれる企業グループ（以下、「UOグループ」という）を構成し、UOG代表者はUOグループのオーナーとして、その経営を統括していた。

【図表1】会社関係図

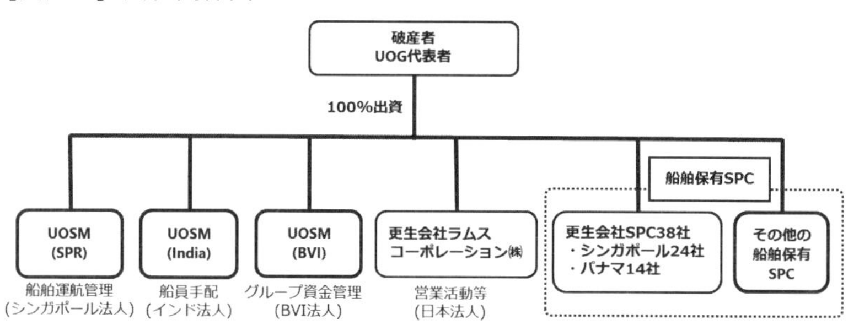

【図表2】ビジネス関係図

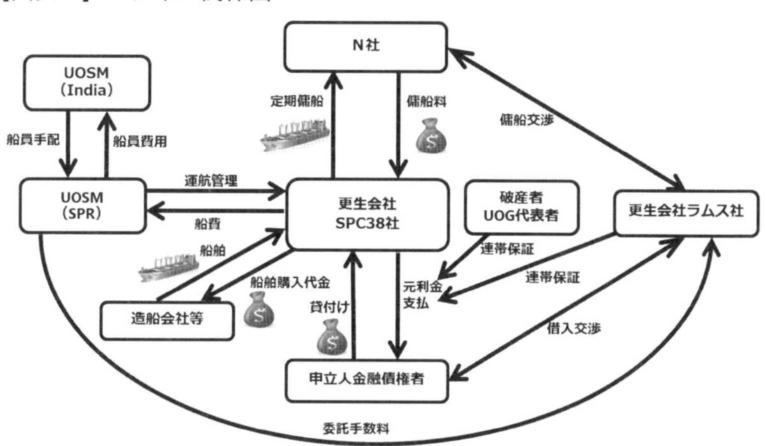

⑵ 更生手続開始の申立てに至った経緯

更生会社SPCは、新造船または中古船を購入するに際し、金融債権者との間でローン契約を締結して購入資金の借入れを行い、ラムス社および更生会社SPCの代表者であるUOG代表者は、かかる借入れにつき連帯保証をしていた。

ローン契約において、更生会社SPCは、借入期間中、傭船期間や傭船料につき一定の条件を充足する傭船契約を存続させることを誓約し、金融債権者は、更生会社SPCに誓約違反がある場合、更生会社SPCに対する通知により、ローン契約上の債務につき期限の利益を喪失させることができるものと定められていた。また、傭船契約書の写しの提出がローン実行の停止条件とされていた。

しかしながら、更生会社SPCがN社との間で実際に締結した傭船契約は、当初から、ローン契約上の誓約事項に定める条件に満たない内容となっていた。他方、更生会社SPCがローン契約締結に際し金融債権者に対し提出した傭船契約書の写しには、傭船期間や傭船料に関する誤った情報が記載されており、ローン契約上の誓約事項に定める条件を満たすものとなっていた。金融債権者は、2015年10月、更生会社SPCがN社と締結した定期傭船契約と更生会社SPCから提出を受けた定期傭船契約の写しとを突き合わせ、齟齬があることを確認したため、同年11月10日、ローン契約上の誓約違反を理由として、ローン契約上のすべての債務について、期限の利益を喪失させる旨の通知を各更生会社SPCおよび連帯保証人であるラムス社宛てに発出した。

金融債権者は、2015年11月11日、東京地方裁判所に対して、各更生会社SPCおよびラムス社について更生手続開始の申立てを行った（注１）。

⑶　保全管理命令の発令

東京地方裁判所は、2015年11月11日、ラムス社および更生会社SPCにつき保全管理命令を発令し、弁護士進士肇を保全管理人に選任した。

保全管理人は、まず、船舶の安全な運航を確保すべく、UOSM（SPR）に対し、従前どおりの運航管理の継続を依頼した。保全管理命令では、保全管理命令発令日以前の船舶運航に関する更生会社SPCの債務については、裁判所の許可なく弁済できるものとされ、商取引債権の保護が図られたこともあって、更生会社SPCは、ラムス社、UOSM（SPR）、傭船先であるN社、金融債権者、その他関係者の協力を得て平穏に事業を

（注１）　金融債権者は、連帯保証人であるUOG代表者に対しても、2015年11月10日、期限の利益喪失の通知を行い、翌11日に破産手続開始の申立てを行った。

行うことができ、事業継続に支障となるような事情は特段生じなかった。

(4) 更生手続開始決定

東京地方裁判所は、2015年12月31日午後5時、ラムス社および更生会社SPCにつき更生手続開始決定を発令するとともに、保全管理人であった弁護士進士肇を管財人に選任した。

更生会社SPCは、更生手続開始決定後も、ラムス社、UOSM（SPR）、N社、金融債権者、その他関係者の協力を得て平穏に事業を行った。

(5) 船舶の売却、船舶運航管理会社の変更

本件では、38隻の外航船につき、安全に運航を継続すること、また傭船料収入を途絶えさせることなく、整然かつ速やかに売却を行い、または船舶運航管理会社の変更を進めることが最重要の課題であった。

(i) 短期船

更生会社SPCの所有する船舶は、バルク船(注2) 25隻、チップ船(注3) 6隻、自動車船(注4) 7隻の合計38隻であり、そのうちバルク船24隻、チップ船2隻および自動車船1隻は、傭船期間が数か月間の短期傭船契約を随時更新していくという契約形態であった（以下、かかる船舶を「短期船」という）。短期船については、2015年末から2016年にかけて、傭船市場が未曾有の不況を迎えていたこともあり、毎月の船費等の額を下回る程度の低廉な傭船料収入しか得られないものも少なくなく、かかる状況下では、短期傭船契約を承継する前提で短期船を引き受けるスポンサーは想定できず、むしろ傭船契約のない状況で市場にて売却することが適正かつ合理的と考えられた。そこで、管財人は、短期船を保有す

（注2） 梱包されていない穀物・鉱石・セメントなどのばら積み貨物を船倉に入れて輸送するために設計された貨物船。

（注3） 製紙原料となる木材チップを輸送するために造られた専用船。

（注4） 自動車を運搬することに特化した構造を有する船。

る更生会社SPCについては、複数のブローカーを介して広く船舶の買主を募って入札手続を行い、早期に市場にて船舶を売却し、更生会社SPCは将来清算する方針を採ることとした。

(ii) 長期船

バルク船1隻、チップ船4隻および自動車船6隻は、傭船期間が数年に及ぶ長期傭船契約を締結しており、本更生手続開始時点においても、相当程度長期の傭船期間が残っている状態であった（以下、かかる船舶を「長期船」という）。長期船については、傭船不況が訪れる前に、比較的高額な傭船料が定められていたことなどから、長期的に安定的な収益を図ることが期待でき、傭船契約を維持継続することを前提としてスポンサー選定を行うことが合理的と考えられた。そこで、金融債権者がUOG代表者の所有する更生会社SPCの株式につき質権を有しているか否か、および金融債権者の意向を踏まえて、事業譲渡と株式譲渡の2つの再建スキームに分けて手続を進める方針を採ることとした。

(a) 事業譲渡

長期船を所有する更生会社SPCのうち、金融債権者が株式質権を有していない更生会社SPC4社（チップ船3隻および自動車船1隻）については、株式を保有するUOG代表者の同意がない限り株式譲渡ができない状況であったが、UOG代表者からかかる同意を得るのは困難であったこと、また長期の好条件の傭船契約の維持継続をすることができれば、高船価での譲渡が見込めたことから、現行の傭船契約を実質的に維持継続しつつ、傭船者であるN社の同意を得ることができる譲渡先に船舶を譲渡することとした。

(b) 株式譲渡

長期船を所有する更生会社SPCのうち、金融債権者にてUOG代表者保有の株式に質権を有している更生会社SPC7社（バルク船1隻、チップ船１隻および自動車船５隻）については、株式質権の実行により更生会社SPCの株主を変更することが可能であったため、金融債権者の協力を得て傭船者であるＮ社の要求水準を満たす船舶の運航管理が可能なスポンサーに対し更生会社SPCの株式を譲渡した上で、現行の傭船契約を維持継続して傭船料収入を得つつ、スポンサーから事業家管財人の派遣、設備投資資金が不足する場合の資金提供、船舶運航管理業務・経理業務等の支援を得ることとした。

(6) 更生計画案の概要

更生会社SPCの更生計画案は、大別すると、

① 短期船を所有する更生会社SPC27社につき、その唯一の資産である船舶を売却し、売却代金を原資として更生債権者等に対し弁済を行い、弁済完了後は会社を清算することを定めるもの、

② 長期船を保有する更生会社SPC４社につき、現行の傭船契約を維持継続することを前提に船舶を含め事業譲渡し、譲渡先にて事業の更生を図り、事業譲渡代金を原資として更生債権者等に対し弁済を行い、弁済完了後は会社を清算することを定めるもの、

③ 長期船を保有する更生会社SPC７社につき、スポンサーが株式を取得して事業を継続し、傭船契約から得られる傭船料収入により弁済を行うが、傭船契約が終了した際には船舶を売却し、売却代金を原資として更生債権者等に対し弁済を行い、弁済完了後は会社を清算することを定めるもの

とに分かれる。

金融債権者は、更生会社SPCが所有する船舶につき船舶抵当権を有していたため、更生会社SPCの更生計画案では、船舶の売却や事業譲渡により得られた金員について、必要な売船・譲渡の経費や更生手続費用等を控除の上、更生担保権者である金融債権者に対し弁済することを定めた。具体的には、売船や事業譲渡に係る諸経費、更生手続遂行に必要となる費用、更生会社SPCを清算するために必要となる費用等を暫定的に

算出し、船舶売却代金や事業譲渡代金からかかる暫定額を控除した金額（以下、「暫定売却手取額」という）の半額を金融債権者に対し弁済し（以下、かかる弁済を「仮弁済」という）、後日、これらの費用が確定した後に、売却代金や譲渡代金額からかかる費用等の確定額と仮弁済の額を控除した額を弁済することとした（以下、かかる弁済を「本弁済」という）。

ラムス社については、更生会社SPCからの受託業務を行うのみであったため、当該業務終了後に清算をすることを内容とする更生計画案とした。

⑺　更生計画案の提出および認可決定

更生計画案の提出期間は、当初、2016年９月末までであったが、金融債権者との間で更生会社SPCの保有船舶の売却方法についての協議がまとまらなかったことや、外国法人である更生会社SPCの税務関係の検討が未了であったことなどから、更生会社全社につき、裁判所の決定を得て、更生計画案の提出期間を同年11月30日まで伸長し、更生会社SPC１社については、更生計画案の提出期間をさらに2017年１月31日まで再伸長した。

ラムス社および更生会社SPC37社については、管財人は、2016年11月30日に更生計画案を提出し、2017年１月31日に更生計画認可決定を得(注５)、同年３月16日に同決定が確定した。更生計画案の提出期限を再伸長した更生会社SPC１社については、管財人は、2017年１月31日に更生計画案を提出し、同年３月31日に更生計画認可決定を得、同年５月２日に同決定が確定した。

（注５）　ラムス社および更生会社SPC36社については、更生担保権者の組および更生債権者の組で法定多数の賛成を得て更生計画案が可決されたが、更生会社SPC１社については、更生担保権者の組では可決されたものの、更生債権者の組で更生計画案が否決された。もっとも、当該更生会社SPCの更生計画案は、会社更生法200条１項２号に定める更生債権者に対する権利を保護する条項を備えているものと認められ、特段の変更を行うことなく、更生計画認可決定が得られた。

⑻ 売船、事業譲渡の実行およびスポンサーへの運航管理の移管

短期船27隻および長期船４隻について、管財人は、2016年５月から2017年11月にかけて、売却、事業譲渡を行った(注６)。

長期船を保有する更生会社SPC７社については、管財人は、2016年11月、スポンサーとの間でスポンサー契約を締結した。2017年１月、金融債権者の株式質権実行によりスポンサーが更生会社SPC７社の株式を取得し、同年11月までに、UOSM（SPR）から、スポンサーの関連会社に対し、長期船７隻の運航管理の移管が行われた。2018年７月には、バルク船１隻の傭船契約が満了し、管財人は同年９月に当該船舶を売却した。また、2020年６月にチップ船１隻の傭船契約が満了し、管財人は同年10月に当該船舶を売却した。2020年の売船は、コロナウィルス感染症が世界的に拡大している中で行ったものであり、そもそも買主が現れるかといった懸念もあったが、入札を実施したところ複数の買主候補者からの応札があり、合理的な金額での売却を行うことができた。残りの長期船（自動車船）５隻については、2021年10月現在、スポンサーによる運航管理の下でN社に対する傭船を継続している。

⑼ 更生計画の変更、繰上弁済

前記⑹のとおり、更生会社SPCの更生計画では、暫定売却手取額の半額につき仮弁済を実施し、売船諸経費や更生手続遂行費用、更生会社SPCの清算費用等が確定した後に、本弁済を実施することとしていた。もっとも、外国法人である更生会社SPCの清算手続については、管財人が日本国外でも管理処分権を行使できるかという問題に起因し、法律上も税務上も、複雑かつ多岐にわたる検討を要するため、更生計画認可決定からおよそ４年を経過した2021年になっても、清算費用を確定することが困難であり、更生担保権者たる金融債権者への本弁済は未了となっていた。他方で、船舶の売却や事業譲渡に係る諸経費の精査は終了しそ

（注６） 更生計画認可決定前に売船や事業譲渡を行ったものと、更生計画認可決定後に売船や事業譲渡を行ったものとがある。

の金額が確定したことから、改めて、管財人において、更生手続の管財業務遂行や更生会社SPCの清算に合理的に必要な費用を検証したところ、かかる費用の額、確定した諸経費額および仮弁済額を暫定売却手取額から控除した金額については、弁済を実施しても、清算結了までの更生会社の資金は不足しないと認められた。そこで、管財人は、金融債権者の希望も確認の上、希望があった金融債権者に対しては、かかる金額について、清算費用確定後の本弁済を待たずして繰上弁済をするべく、2021年２月４日、更生会社SPC23社につき更生計画の変更を申し立てた。裁判所は、同月５日、更生計画変更決定を行い、同決定は同年３月６日に確定したことから、管財人は、更生計画変更がなされた更生会社SPCの金融債権者に対し、同月中に繰上弁済を実施した。

⑽　今後の更生手続の進行

今後は、スポンサーの支援の下で傭船を継続している更生会社SPC５社については、引き続き金融債権者に対し傭船料収入からの収益弁済を行い、また船舶を売却済みの更生会社SPC33社については、シンガポールおよびパナマにおける会社清算手続を進めていくことになる。

【図表３】申立てから現在に至るまでの経緯

2015年	11月11日	金融債権者によるラムス社および更生会社SPCの更生手続開始申立て 裁判所による保全管理命令（保全管理人選任） 金融債権者によるUOG代表者の破産手続開始申立て
	12月31日	ラムス社および更生会社SPCの更生手続開始決定（更生管財人選任）
2016年	１月４日	UOG代表者の破産手続開始決定（破産管財人選任）
	２月29日	更生債権等届出期間満了日
	５月	更生手続にて、更生会社SPC31社が保有する31隻の船舶の売却開始

2016年	5月31日	更生手続にて、債権認否書、財産評定書提出
	8月29日	2016年9月30日と定められていた更生計画案提出期間につき、2か月伸長する旨の決定
	11月21日	長期船を保有する更生会社SPC 7社につき、スポンサー契約締結
	11月30日	ラムス社および更生会社SPC37社につき、更生計画案提出 更生会社SPC 1社につき、更生計画案提出期間を2か月再伸長する旨の決定
2017年	1月26日	長期船保有の更生会社SPC 7社につき、スポンサーへの株式譲渡実行
	1月31日	ラムス社および更生会社SPC37社につき、更生計画認可決定 更生会社SPC 1社につき、更生計画案提出
	3月16日	ラムス社および更生会社SPC37社につき、更生計画認可決定の確定
	3月31日	更生会社SPC 1社につき、更生計画認可決定
	5月2日	更生会社SPC 1社につき、更生計画認可決定の確定
	11月	更生会社SPC31社が保有する31隻の売船完了 スポンサーが株主である更生会社SPC 7社が保有する長期船7隻につき、船舶運航管理をUOSM（SPR）からスポンサーに移管
2018年	9月	スポンサーが株主である更生会社SPCが保有する長期船1隻の売却
2020年	10月	スポンサーが株主である更生会社SPCが保有する長期船1隻の売却
2021年	2月4日	更生会社SPC23社につき、更生計画変更申立て
	2月5日	更生会社SPC23社につき、更生計画変更決定
	3月6日	更生会社SPC23社につき、更生計画変更決定の確定

3 国際倒産に関する論点

⑴ 国際更生管轄

更生会社SPCはシンガポール法人およびパナマ法人であり、本件は外国法人につき日本で会社更生手続開始の申立てがなされたものであるが、外国法人の会社更生事件では、いかなる場合に日本の裁判所に管轄が認められるかが問題となる。

会社更生法は、更生手続開始の申立ては、株式会社が日本国内に営業所を有するときに限りすることができると規定しており（4条)、外国法人についても、日本で更生手続開始の申立てを行うには、当該外国法人が日本国内に営業所を有することが必要と解される。

更生会社SPCの会社更生事件においては、シンガポール法人、パナマ法人である更生会社SPCは、日本国内に明示的に支店等の拠点を有するものではなかった。もっとも、更生会社SPCは、金融債権者に対し更生会社SPCの住所として東京都内に所在するラムス社の本店所在地の住所を届け出ており、UOG代表者ら更生会社SPCの取締役は、船舶購入資金の調達や傭船契約締結等のための協議等、更生会社SPCの主要な業務をラムス社本店にて行っていた。よって、ラムス社本店が実質的に更生会社SPCの日本国内の営業所であり、わが国の裁判所が更生会社SPCの更生事件につき管轄を有するものとして、東京地方裁判所に対し更生手続開始の申立てが行われた。

⑵ 外国法人の更生能力

会社更生法には、外国に本店がある会社について申立てや開始決定がなされることを前提とする規定が設けられており（22条2項・258条1項)、外国法人についても更生能力[注7]が認められる場合があることに

(注7) 更生能力とは、更生手続開始申立てがなされ、更生手続開始決定を受け、更生会社となり得る資格をいう。伊藤眞『会社更生法・特別清算法』(有斐閣、2020）40頁。

争いはないが[注8]、いかなる要件の下で外国法人の更生能力が認められるのかが問題となる。

会社更生法3条は、外国法人は、更生手続に関し日本法人と同一の地位を有すると定めている。前述のとおり、会社更生法は外国法人が更生能力を有する場合があることを前提とする規定を設けていることからすると、会社更生法3条については、外国法人の更生債権者・更生担保権者、共益債権者、株主などとしての地位についてのみならず、外国法人の債務者としての更生能力についても、日本法人と同一の地位を認めるものと解される[注9]。そして、日本法人については、株式会社に更生能力が認められているため（会更1条・4条・17条等）、会社更生法3条の適用により、外国法人についても、株式会社に相当する場合に更生能力が認められると考えられる[注10]。

そこで、外国法人が株式会社に相当するとはいかなる場合かが問題となるが、この点については、まず、当該外国法人が「外国会社」に該当することが必要である。会社法2条2号は、外国会社につき、外国の法令に準拠して設立された法人その他の外国の団体で、会社と同種のものまたは会社に類似するものと定義し、また、日本法上、会社とは、営利を目的とする社団法人であることから、外国法人が「外国会社」に該当すると言えるためには、当該外国法人が営利性を有することが必要である。そして、外国会社たる外国法人が株式会社に相当すると言えるためには、「外国会社は、他の法律の適用については、日本における同種の会社又は最も類似する会社とみなす」と定める会社法823条から、会社更生法の適用に関しても、当該外国法人が株式会社と同種の会社である

（注8） 会社更生法22条2項、258条1項は、外国に本店が所在する会社の更生手続について規定するが、わが国において設立する会社は、その本店を外国に置くことはできない（稲葉威雄ほか編『実務相談株式会社法(1)〔新訂版〕』〔商事法務研究会、1992〕）ため、会社更生法は外国法人についても更生手続が行われることを前提としているといえる。

（注9） 兼子一監修『条解会社更生法（上）』（弘文堂、1973）144頁。

（注10） 兼子監修・前掲（注9）146頁。

か、または、当該外国法人の日本における最も類似する会社が株式会社であることが必要であると考えられる(注11)。

それでは、外国法人が外国会社である場合において、当該外国法人につき、同種のまたは最も類似する会社が株式会社かを判断するために、いかなる要素を検討すべきか。株式会社とは、社員の地位が株式という細分化された均等の割合的単位の形式をとり、かつ、社員（株主）の全員がその有する株式の引受価額を限度として会社に対する出資義務を負うだけで（会社104条）、会社債権者に対しては何らの責任を負わない会社であり、かつ、株主たる資格において当然に業務執行権限を有さないもの（所有と経営の分離）である(注12)。そうすると、外国会社につき、同種のまたは日本における最も類似する会社が株式会社と言えるか否かは、①社員全員が株式引受価額を限度とした会社に対する有限責任を負うのみか否か、②機関構成について、社員と業務執行者が分離されているか否か、といった要素から判断すべきと考えられる。

本件では、シンガポール法およびパナマ法を設立準拠法とする更生会社SPCについて、いずれも、株主が有限責任のみを負う形態の会社(注13)であること、株主総会に加え取締役・取締役会が必要的設置機関であること、取締役会が業務執行の意思決定権限を有すること等が、シンガポールおよびパナマの会社法や文献、更生会社SPCの定款や登記事項証明書に相当する書面等、申立人が更生手続開始申立て時に提出した疎明資料により確認されたため、株式会社に相当するものとして、更生手続開始の決定がなされた。

(注11)　伊藤・前掲（注７）42頁。

(注12)　上柳克郎ほか編集代表『新版注釈会社法(1)〈会社総則、合名会社、合資会社〉』（有斐閣、1985）44～45頁〔鴻常夫〕。

(注13)　シンガポール法人の更生会社SPCの商号には、有限責任である株式会社のうち、株式譲渡制限がありかつ株主数が50名以下の非公開会社（Private Company）であることを示す「Pte. Ltd.」が付されている。また、パナマ法人の更生会社SPCの商号には、スペイン語で株式会社であることを示す「S.A.」(Sociedad Anonimaの略号）が付されている。

(3) 在外資産の処分

(i) 在外資産に対する管財人の権限

更生会社SPCは、それぞれシンガポール籍またはパナマ籍の船舶1隻を所有しており、管財人は、これまで、更生会社SPCの更生手続において更生会社SPCが所有する船舶33隻を売却したが、在外資産である船舶について管財人が売却権限を行使することができるかが問題となった。

会社更生法は、更生会社の財産について、日本国内にあるかどうかを問わず、その管理処分権限は管財人に専属すると規定する（普及主義。会更72条1項）。しかしながら、日本の主権は外国に及ぶものではないため、会社更生法が普及主義の建前を採用したからといって、管財人が当然にその権限を外国でも行使できることにはならない。

管財人の財産管理処分権限が資産所在国に及ばない場合には、日本で更生手続が開始しても、設立準拠法の観点からは、会社の設立準拠法に基づく代表者、取締役（会）、株主といった者の財産管理処分権限は失われないと解される。かかる場合、管財人として資産処分のために取り得る方法としては、このような財産管理処分権限を有する者の協力を得て設立準拠法上必要な機関決定を取得することが最も直截的であると考えられる。

また、管財人が会社更生法上の財産管理処分権限に基づき在外資産を処分するには、当該国の法制度において管財人の権限を認めてもらう必要がある。この点、財産が所在する国において外国倒産処理手続の承認援助制度が存在する場合には、同制度により管財人の権限を当該国に及ぼすことが考えられる。国際連合国際商取引法委員会（UNCITRAL）は、1997年に外国倒産処理手続の承認援助に関しUNCITRAL Model Law on Cross-Border Insolvency（以下、「モデル法」という）を策定し、モデル法に基づく外国倒産処理手続の承認援助制度は、2021年10月現在、日本、米国、英国等を含む49か国（53地域）にて採用されている[注14]。モデル法では、外国主手続[注15]については、外国手続の承認により債務者の資産処分権限の停止の効果が発生し（モデル法20条1項(c)）、また、外国手続の主従にかかわらず、外国管財人の申立てに基づき、裁判所は債務者の資産処分権限を停止する旨の救済を付与することができるとしている（モデル法21条1項(c)）。さらに、外国手続の承認に基づく救済として、外国手続の主従にかかわらず、当該国に所在する債務者の資産の全部または一部の管理につき、外国管財人に対し委託することを認めている（モデル法21条1項(e)）。資産所在国において、このようなモデル法に基づく承認援助制度が存在する場合、またはモデル法に基づかなくても独自に外国倒産処理手続の承認援助制度を有する場合は、管財人は、在外資産の処分を行う際、かかる承認援助制度を利用することにより、資産所在国に管理処分権限を及ぼすことを検討することになろう（注16）。

(ii) 更生会社SPCの更生事件における外国籍船舶の売却

更生会社SPCは、シンガポールまたはパナマにて登録された船舶を1隻ずつ保有しており、管財人は、更生会社SPCの株主および取締役の協力により売船承認のための株主総会決議および取締役会決議（注17）を取得することを検討した。しかしながら、更生会社SPCの株主はUOG代表者であり、取締役はUOG代表者自身および同人により選任された者であったところ、更生会社SPCの更生事件はUOG代表者の意に沿わずに金融債権者による債権者申立てにより開始されUOG代表者は売船に

(注14) モデル法を採用している国および地域については、UNCITRALのウェブサイトhttps://uncitral.un.org/en/texts/insolvency/modellaw/cross-border_insolvency/statusを参照されたい。

(注15) 外国主手続とは、債務者がその主たる利益の中心を有する国において行われる外国倒産手続をいい（モデル法2条(a)）、外国従手続とは、債務者が営業所を有する国において行われる、外国主手続以外の外国倒産手続をいう（同条(b)）。

(注16) モデル法を採用している国でも、必ずしもモデル法をそのまま取り入れているわけではなく、変容させているところもあるため、実際に外国にて外国倒産処理手続の承認援助制度を利用する場合には、当該国における承認決定や援助処分、救済によりいかなる効果を得ることができるのか、調査することが必要である。

(注17) シンガポールでは、会社のすべてまたは実質的にすべての資産の売却について、パナマでは、会社の重要な資産の売却について、取締役会決議に加え、株主総会決議も要求される。

反対していたことから、UOG代表者の任意の協力の下でシンガポール法、パナマ法上必要となる売船のための機関決定を得ることは困難な状況であった。

また、シンガポールおよびパナマは、管財人が売船を開始した2016年5月当時にはモデル法に基づく承認援助制度を採用していなかった(注18)。シンガポールでは、コモンローに基づく外国倒産処理手続の承認が認められた事例もあるが、更生会社SPCの更生手続についてコモンロー上の承認が得られるかにつき見通しを立てることは必ずしも容易でなく、更生会社SPCの資金繰りが悪化している中で、時間と費用をかけて承認を申し立てて承認の可否につきシンガポールの裁判所の判断を仰ぐとの選択肢を採ることは困難な状況であった(注19)。パナマでは、現地法律事務所から、外国倒産処理手続の承認という制度はないが、特段承認がなくとも管財人の財産管理処分権限は在パナマ資産に及び、管財人はこれを売却することができるとの見解が示されたりもした。もっとも、売船における実務では通常、売主は売船を承認する株主総会議事録および取締役会議事録を買主に交付するが、そのような書類なしに管財人が売船を

(注18) その後、シンガポールでは、2017年5月に外国倒産処理手続の承認援助を定める改正会社法が施行された。また、パナマでは、2017年1月に外国倒産処理手続の承認援助を定める倒産法が施行された。

(注19) 韓国の海運会社である韓進海運の回生手続について、2016年9月14日付で同手続を承認する旨のシンガポール高等裁判所の決定がなされた。同決定では、外国倒産手続を承認するか否かは当該特定の事件の状況によるものとし、考慮要素の1つとして、債務者会社と倒産手続の法廷地との関連が挙げられている。韓進海運の事件では、設立地、本店所在地、上場地、役員の国籍等から韓進海運と韓国裁判所に非常に強い関連があり、韓進海運の「主たる利益の中心」(COMI) が韓国にあると認定され、コモンローに基づく承認が認められた。更生会社SPCについては、設立地や本店所在地等からは更生会社SPCと更生手続が行われている日本との関連が強いとまで言えるか疑問なしとは言えず、更生会社SPCの更生手続につきシンガポールでコモンロー上の承認が得られるかの確証が得られなかったこと、更生会社SPCの資金繰りが悪化しており、売船が先延ばしになるほどにキャッシュアウトが増える状況であって、コモンロー上の承認を得ることが可能か否かを検討する時間的余裕もなかったことから、承認申立てという選択肢を採ることは困難であった。

行おうとすると、買主は管財人がパナマにおいて売船権限を有するのか調査する必要に迫られることにもなるため、そもそもそのような船舶の購入を希望する買主が現れず、また現れたとしても安値の提案しかなされないといった事態が懸念された。

このように、更生会社SPCの更生事件では、シンガポールやパナマにおいて売船権限の行使が困難な状況であったが、かかる状況の下、更生会社SPCの更生事件では、管財人がいかにしてシンガポール籍、パナマ籍の船舶を処分するかが問題となった。

ⅲ　外国法上の機関決定に基づく売船

一部の更生会社SPCについては、船舶抵当権を有する更生担保権者たる金融債権者が、UOG代表者が保有する更生会社SPCの株式につき質権を有していた。そこで、管財人は、金融債権者に対し株式質権の実行に協力するよう要請し[注20]、以下の手続により、株主および取締役の変更等を行い、シンガポールおよびパナマ法において売船のために必要となる機関決定を取得した。

➢　シンガポール籍の更生会社SPCについては、更生担保権者が株式質権を実行して第三者に株式を取得させ、株主となった第三者において、取締役を管財人、管財人代理および管財人が指名する現地居住者[注21]に変更する旨の株主総会決議、売船承認の株主総会決議を行う。

パナマ籍の更生会社SPCについては、株式質権者は、質権の実行により株主を変更しなくとも株主総会で議決権を行使する権限を有していることから、更生担保権者が株主総会において直接議決権を行使し

(注20)　質権設定者であるUOG代表者は破産手続中であったが、破産手続においては、更生手続と異なり、担保権は別除権として破産手続によらずに行使することが可能である（破65条１項）。

(注21)　シンガポールの会社法上、非公開会社には１名以上の取締役が必要であり、このうち最低１名は、シンガポールの居住者である必要がある。

て、取締役を管財人および管財人代理に変更し、また、売船を承認する旨の株主総会決議を行う。
- ➢ 取締役として選任された管財人等にて、売船承認の取締役会決議を行う。
- ➢ 取締役である管財人は、かかる機関決定に基づき、また更生裁判所の許可を得て、売船を実行する。

このように、金融債権者が株式質権の設定を受けていた更生会社SPCについては、日本法上は財産管理処分権限を有する管財人が更生裁判所の許可を得て売船を行い、またシンガポール法およびパナマ法上は機関決定に基づき取締役たる管財人が売船を行うことになり、日本法および設立準拠法いずれの観点からも売却権限について問題のない手続を採ることができた。

(iv) 更生担保権者の担保権実行による売船

(a) 抵当権実行方式の採用

更生担保権者たる金融債権者が株式質権を有しない更生会社SPCについては、株主であり代表者、取締役であるUOG代表者の協力が得られず、また株主や取締役を変更することもできなかったため、売船のためにシンガポール法およびパナマ法上必要な株主総会決議や取締役会決議を得ることはできなかった。

他方で、船舶抵当権を有する更生担保権者と更生会社SPCとの間で締結されていた船舶抵当権設定契約には、①更生会社SPCに期限の利益喪失事由が発生した場合、売船契約締結、売船における引渡し、船舶売渡議定書締結を含む船舶の譲渡に必要な行為をするために、更生会社SPCは船舶抵当権者を真正な代理人として指名していること、および②船舶に関し更生会社SPCが自ら実施することのできるあらゆる行為を更生会社SPC名義で行うために、更生会社SPCは船舶抵当権者を真正な代理人として指名していること、が規定されていた。船舶抵当権設定契約は、対象となる船舶の国籍によりシンガポール法またはパナマ法が準拠法とされており、これらの規定により船舶抵当権者にはシンガポール法またはパナマ法上有効に船舶を処分するための代理権が与えられていると考えられた。そこで、管財人は、売船に関する代理権を有する更生担保権者からさらに売船の委任を受け、管財人が売船手続を行うことおよび換価金を管財人の管理下に置くことを更生担保権者と合意した上で、管財人が船舶抵当権設定契約に基づく船舶の私的売却（プライベートセール）を実行するという方法（かかる売船方法を管財人団では「抵当権実行方式」と呼称していたため、以下、「抵当権実行方式」という）を採用することにした。

抵当権実行方式については、後記イのとおり、担保権の実行が禁止される会社更生手続において認められるかという問題があり、同方式による売船を前提とする更生計画認可決定に対し利害関係人による不服申立てが行われる可能性もあったので、管財人は、伊藤眞教授および松下淳一教授のご意見を直接うかがう(注22)等した上で慎重な検討を進め、更生裁判所の許可を得て以下の内容の和解契約を更生担保権者と締結し、売船を実行した(注23)。

① 和解は、更生会社SPCの外国資産たる船舶につき管財人による円滑な処分を実現してその換価代金を管財人の管理下に置くとともに、更生担保権者を含む利害関係人の正当な利益の調整および実現を図るために行うこと。

② 更生担保権者は、船舶抵当権設定契約にて授与された代理権に基

(注22) 伊藤眞教授および松下淳一教授には法律意見書をご作成いただき、また懇切丁寧なアドバイスをいただいた。

(注23) 更生会社SPCがシンガポール籍、パナマ籍の船舶を売却する場合、シンガポール、パナマの海事当局に申請をして船籍を抹消し、買主側で新たな船籍国にて登録を行う必要があるが、抵当権実行方式による売船では、船籍抹消のために必要となる書類が通常の売船とは異なることが想定されたため、事前に現地法律事務所を通じて海事当局に問い合わせ必要書類を確認する等、売船契約締結後に円滑に船舶の移転手続が進められるよう、留意した。

づき、更生会社SPCの代理人として、第三者に売船すること。

③ 更生担保権者は、管財人による売船に協力し、会社更生法72条1項にて管財人が有する更生会社の財産管理処分権を外国籍の船舶にも及ぼすことにより①の目的を実現するために、船舶抵当権設定契約に基づく船舶の私的売却が行われるものであることを理解すること。

④ 更生担保権者は、管財人に対し、売船の具体的手続（売買契約の締結、売買代金の受領、その他売船に関する一切の行為）を委任すること。

⑤ 管財人は、④に定める委任を受けて、船舶抵当権を有する更生担保権者が同意する条件にて売船を行うこと。

⑥ 更生担保権者は、管財人に委任した売船手続に関し、管財人の指示および判断を最大限尊重し、円滑な売船の実現にできる限り協力すること。

⑦ 管財人は、売船代金から売船のための諸経費および更生協力金(注24)を控除した残金について、管財人名義の銀行預金口座に入金し、当該預金の元本払戻請求権に質権を設定の上、これを船舶抵当権に代替する担保として更生担保権者に提供すること。

⑧ 船舶抵当権の被担保債権である更生担保権および更生債権については、更生担保権者は、更生会社SPCの更生計画の定めるところに従い弁済を受けること。

(b) 抵当権実行方式と担保権実行禁止との関係

更生会社SPCの会社更生事件では、前記(a)のとおり、更生担保権者がその有する船舶抵当権を実行し、管財人が更生担保権者の代理人として売船手続を遂行した。もっとも、会社更生法50条1項は担保権の実行を禁止しており、更生担保権者が船舶抵当権を実行することにより船舶の

(注24) 更生会社SPCの更生事件では、更生会社の運転資金、清算費用等の更生会社の事業遂行および更生手続の管財業務遂行に合理的に必要な費用を更生協力金とし、これを控除して船舶抵当権を有する更生担保権者への弁済を行うこととした。

売却を実現する抵当権実行方式が更生手続下において認められるのかが問題となった(注25)。

会社更生法が担保権実行を禁止する趣旨は、これを認めると、更生会社の事業活動の基礎をなす更生会社の財産を毀損し、更生会社の事業の維持更生という目的の実現を不可能または困難にするおそれを生じさせるという点にある(注26)。もっとも、抵当権実行方式では、担保目的物である船舶の売却について管財人が合意し、むしろ管財人の財産管理処分権限を補完するために担保実行を行うものであり、かかる担保実行は更生会社の事業の維持更生という趣旨に反するものではない。また、抵当権実行方式は、管財人が売却代金を管財人名義の口座にて受領し、更生協力金や売船のための諸費用を除いた金額の預金債権に質権を設定するものであり、更生担保権者に更生計画外で担保目的物の売却代金を回収させるものでもない。前記ⓐ①ないし⑧を内容とする和解については、利害関係人の利益に重大な影響を与えるものであるが、更生裁判所の許可を取得するため、これによって公正さを担保することもできる。

このように、抵当権実行方式における更生担保権者の担保権実行は、更生担保権者の優先的利益実現のための手段ではなく、更生担保権者が

(注25)　更生手続下における抵当権実行方式の可否を検討するに当たっては、前提として、会社更生法50条１項が、管財人の権限を及ぼすことのできない在外資産に対する担保権実行をも禁止するものであるかも問題となり得るところである。この点、松下淳一＝事業再生研究機構編『新・更生計画の実務と理論〈事業再生研究叢書〉』(商事法務、2014) 682頁は、「債務者財産は、外国に所在するものであっても日本の倒産手続に服するものとされる。……もっとも、日本の倒産手続開始の効力としての個別執行禁止（・債務者の財産管理処分権の制約）が当然に外国に及ぶわけではなく、……承認制度を当該外国が有しているかどうかにかかる。」としており、会社更生法が普及主義を採用していても、当該外国に承認制度がない場合には、在外資産に対する個別執行禁止の効力を及ぼすことはできないとの考え方もあり得る。もっとも、更生会社SPCの更生事件においては、更生手続の承認を得られず管財人の権限を及ぼすことのできない在外資産についても、普及主義を採用する日本法上は担保権実行禁止の効力が及んでいることを前提に、抵当権実行方式が許容されるかを検討した。

(注26)　伊藤・前掲（注７）207頁。

有する担保権を利用して在外資産を換価し換価金を更生会社財産に組み込むためのものであって、管財人が更生裁判所の許可を得てその財産管理処分権限に基づき売船し、売却代金に係る預金債権につき更生担保権者のために担保提供（担保変換）を行う場合と実質的な差異はないことからすると、会社更生法50条1項に違反するものではないと解することが可能である。

(c) 管財人の善管注意義務との関係、利益相反の有無

抵当権実行方式では、すべての利害関係人の利益を実現すべき立場にある管財人が特定の更生担保権者から担保目的物の売却のための権限を授与されることになるため、管財人は、善管注意義務（会更80条1項）または公正中立義務に違反することにならないかについても検討した。

抵当権実行方式は、担保目的物たる在外資産を更生手続に取り込み、その換価金を確実に管財人の管理下に置くために必要な措置であり、更生手続における利害関係人全体の利益を実現するために行われるものであるから、そもそも管財人の善管注意義務および公正中立義務と矛盾するような性質のものではない。また、管財人・更生担保権者間の抵当権実行方式を採用することについての和解は、更生裁判所の許可を要する事項であり（会更72条2項6号）、かかる和解の必要性および相当性について更生裁判所が客観的かつ中立的な立場から検証し、管財人は更生裁判所の許可を得た上で抵当権実行方式による売船を実行することからも、管財人の善管注意義務違反や公正中立義務違反の問題が生じるものではないと考えられる。

抵当権実行方式では、管財人が更生担保権者から売船手続の委任を受けることから、利益相反が生じないかも問題となり得る。もっとも、担保目的物の売却の場面では、担保目的物の時価（会更2条10項）の評価の場面と異なり、管財人と更生担保権者との利害が対立するものではなく、高値で売却すべきとの方向で利害は一致していること、更生担保権者は、管財人の果たすべき役割と換価金を更生会社に組み入れることを

十分理解して和解し、管財人に売船手続を委任するものであることからすると、利益相反が生じるものではないと解される。

(d)　ホッチポットルール（会更137条2項）との関係

会社更生法137条2項は、更生債権者等が更生手続開始決定後に在外資産に対する権利行使により更生債権等の弁済を受けた場合、自己が受けた弁済と同一の割合の弁済を他の同順位の更生債権者等が受けるまでは、更生計画に定める弁済を受けることができないとし、いわゆるホッチポットルール（弁済調整）を定めており、抵当権実行方式におけるホッチポットルール適用の要否についても検討した。

もっとも、抵当権実行方式においては、更生担保権者が在外資産に対する権利行使を行うものの、売船代金は、売船諸経費や更生協力金を控除した金額につき管財人名義の口座に入金し、その預金債権上に更生担保権者のための預金質権を設定し、更生計画の定めに従いその預金を原資とした弁済を行うこととするのみであり、更生担保権者が在外資産への権利行使により更生計画外で更生債権等の弁済を受けるものではない。このように、抵当権実行方式においては、更生担保権者は、更生担保権の担保目的物が船舶から預金債権に変換された上で更生計画に基づき弁済を受けるにすぎず、在外資産への権利行使により更生債権等の満足を受けることはないため、会社更生法137条2項による弁済調整が必要となるものではなかった。

【Part 3】

身近な国際倒産

福岡高等裁判所裁判官　上拂　大作
弁護士　上沼　紫野
弁護士　志甫　治宣

1　資産処分・調査

以下の事例において、破産管財人としては、どのように対応するべきか。

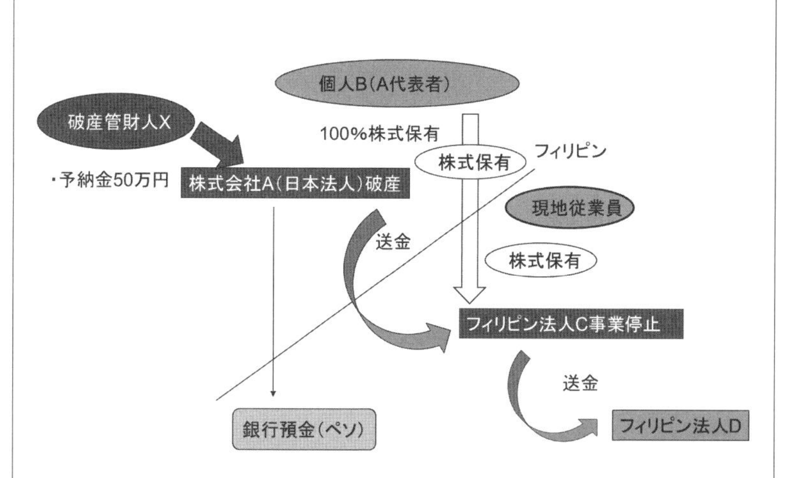

1－1．株式会社A（日本法人）は、代表者Bが100％株式を保有し、日本国内およびフィリピンで内装工事業を実施している。フィリピンでは、現地法人Cを設立し、Cの株主は、代表者Bと

現地従業員である。株式会社Aは、日本において破産手続が開始され、Xが破産管財人に選任された。ただし、代表者Bは破産手続開始を申し立てていない。

⑴ 引継ぎ予納金は50万円である。

⑵ 破産会社Aは、フィリピン国内で預金口座（現地通貨であるフィリピンペソ建て）を開設している。

⑶ フィリピンの現地法人Cは事業停止しており、特段の資産を有していない。

⑷ 債権者から「破産会社Aの資金が、フィリピンを経由して不当に流出し代表者Bに還流し、B名義の外国の預金口座に貯蓄されているのではないか。破産会社Aは、現地法人Cを通じてフィリピンの下請業者Dに支払いをしているようであるが、Dはダミー会社ではないか。」との指摘があった。破産管財人Xは、破産会社Aの帳票類を調査し、またフィリピンの現地法人Cの資料についても代表者Bから任意提出を受けた。これらの資料によれば、A→C→Dの資金の流れが認められた。あわせて、CとDとの間の注文書・請求書も提出されたが、注文内容は「内装工事一式」とのみ記載されて明細はなく、工事代金額も例えば500万ペソとなっており端数がない等、疑義なしとしない内容であった。

1－2．後日、債権者から、内装工事を実際に行った業者の資料が提出されたが、C→Dの資金の流れは取引上の原因がないことが強く疑われた。Xが代表者Bにこの点を問い詰めたところ、架空取引を認めた。ただし、B個人がDから資金還流を受け、B名義の海外口座で貯蓄していることは否定した。

⑴ はじめに（自己紹介）

上拂　裁判官の上拂です。令和２年３月まで東京地裁破産再生部で勤務しておりました。

上沼　弁護士の上沼です。

志甫　弁護士の志甫です。本日は、モデル事例をもとに、破産管財業務において身近に生じる国際的な問題を破産管財人としてどのように処理をしていくべきか、資産および負債に分けて、パネル方式で議論いたします。本日の役回りですが、私が、事例記載の破産管財事件（以下、「本破産事件」という）の破産管財人に選任された弁護士、上沼先生は私が所属する弁護士事務所の先輩で海外案件の経験が豊富な弁護士、上拂裁判官は、本破産事件の担当裁判官といたします。各自の発言は、本日の役回り上の発言であること、あらかじめお断りいたします。

⑵ 預金

ⅰ 口座の存否、残高の確認、解約方法

志甫　裁判所から新件をいただきました。その概要は設問のとおりです。申立書の財産目録によればフィリピンに開設した預金口座があります。第２部❶❷で承認援助の議論がありましたが、予納金50万円ではこれらの手続をとることは事実上困難です。かといって、せっかくの資産を回収しないわけにはいきません。

海外預金があった場合の回収方法として、実務上、①破産者が破産したことは告げずに破産者や破産者代表者名義で送金を試みる、②銀行窓口に行く必要がある場合には破産者代表者と渡航して現地に行く、などが考えられるといわれていますが、いずれも、破産者代表者が協力的であることを前提としています。本件では、当初、破産者代表者Ｂは破産しておらず、また、債権者からの情報によれば、役員査定申立てと、引き続いての債権者破産申立ても検討せざるを得ない場面も生じる等の事情から、Ｂの任意の協力を得ることが難しいとも思われます。

そこで、破産者代表者の協力を得ることなく、自ら海外銀行とやりと

りをしていくのがよいと考えますが、まずは、破産管財人の権限を証明するためにどのような方法があるでしょうか。

上沼 例えば、裁判所発行の破産管財人の証明書にアポスティーユ(注1)をもらうという方法があります。外務省でもらえます。アポスティーユがあると、この書類が日本の公的な書類であることが証明されることになるので、これで破産管財人が裁判所により任命されているということが証明できます。なお、破産管財人の証明書は日本語なので、さらに、これを英訳した上で公証人役場で認証してもらい、場合によってはこちらにもさらにアポスティーユをつけてもらう、ということが必要になりますね。

志甫 アポスティーユを付した書類により破産管財人の権限を証明すれば、後は、郵送等でのやりとりで口座解約まで行うことができるでしょうか。本件では、破産財団が50万円なので渡航費の捻出は困難ですし、特にコロナ禍のように自由に海外と行き来できない状況もあり得るところです。

上沼 破産管財人の資格証明と口座の解約（および取引履歴の送付）を依頼した書面を郵送すると解約に応じてくれることが多いんじゃないかと思います。破産管財人の権限を認めてくれない国もあり、その場合は破産者本人の協力を得て破産者からの解約依頼として対応しなければならない場合もありますが、これも郵送で行った経験があります。

(ii) 送金規制

志甫 それでは、早速アポスティーユをとって解約手続を進めていきます。解約までできれば、後は、振込先として管財人口座を案内すればよいでしょうか。

（注1） ハーグ条約加盟国の場合はアポスティーユでよいが、非加盟国の場合は公印証明が必要である。アポスティーユは外務省で手続がすむが、公印証明の場合、いったん外務省で証明をもらった後、提出先の国の外務省でさらに証明をしてもらうという手続が必要になる。

上沼　そうですね。解約を依頼する書面内で送金先として管財人口座を指定しておく形になります。本人からの依頼書の形をとった場合も、管財人口座を指定する形にしたところ、管財人口座へ入金された経験がありますが、このあたりは、銀行によって対応が違うかもしれません。

なお、国によって送金規制がある場合もあるので、現地の通貨での預金の場合には特に注意が必要かもしれません(注2)。場合によっては現地の弁護士等の助力を得る必要がある場合もあります。

(3)　資産・資金流出の調査

(i)　調査方法

(a)　法人の調査

志甫　次に、本件では、債権者から、破産会社Aの資金がフィリピンを経由して不当に流出し代表者Bに還流しB名義の外国の預金口座に貯蓄されている、との情報提供がありました。真偽は不明ですが、調査しないわけにはいきません。破産会社Aの直接の代金の支払先であるDがダミー会社と指摘されているわけですが、まずはDがどのような会社であるか調査してみます。日本であれば会社登記を取るところですが、海外ではそのような制度が整備されていない、例えば、当該会社は会社登記を取得できるけれども第三者が正規に取得することは困難であるという話を、まことしやかに聞いたことがあるのですが。

上沼　日本の登記に類するような書類を何らかの形で取得できる場合は結構あります。このあたりは、外国の事業者相手の裁判を必要とする場合が多い発信者情報開示請求に関する書籍が詳しいかもしれません。ただ、このような登記に関する書類ですと入手できる情報が限られています。財務状況に関する情報も入手したいのであれば、例えば、ダンレポートなどを活用することも可能です。ダンレポート(注3)とは、帝国

(注2)　本事例のフィリピンペソなどは送金規制の対象である。

(注3)　米国Dun & Bradstreet社が作成する企業調査レポートを指す。日本だと東京商工リサーチを通して取得可能である。

データバンクや東京商工リサーチなどによる信用情報の外国対応版と思ってもらえればいいかと思います。対象地域で得られる情報の範囲が異なっていますが、財産状況の概要についてはどの地域でもおおむねカバーされていると思います。

(b)　破産者の説明義務

志甫　ダンレポート等により、破産会社Ａの直接の代金の支払先であるＤについて実在性や概要を確認することができたとしても、これ以上の実態調査として、例えば現地に行くことは、現在の予納金ですと困難です。Ｂは、破産者の代表者として、破産法上、管財人に説明義務を負い（破40条１項３号)、罰則規定もあるのですから（同法268条１項)、それを根拠に説明させればいいですよね。

上沼　たしかに、破産法上、罰則規定はありますが、実務上、必ずしも虚偽説明だけで捜査機関が動いてくれるものでもないですよね。説明義務により本人が説明してくれればいいのですが、これに応じない場合には破産管財人が調査をせざるを得ません。どこまで調査をするべきなのかは、費用との兼ね合いもありますし、難しい問題だと思います。

(ii)　海外での資金流出等が認められた場合の措置

志甫　その後、情報提供者からの資料提供で、相当程度の証拠が揃い、フィリピンの現地法人Ｄに対して代金が支払われた工事は架空であり、不当に資金が流出した疑いが強まりました。ただし、代表者ＢはＤから個人への資金還流は否定しており、この点の証拠が揃っていません。そこで、Ｄに対して返還を求めるべく、Ｄに対して、現地で訴訟提起することを検討したいと思います。

上沼　外国で法的手段を執るためには、現地の弁護士等の専門家に委任する必要があります。外国の弁護士は、タイムチャージ制などの報酬体系をとっている場合も多く、相応の専門家報酬が必要となるので、回収見込みなども考慮してどの程度の手続をとるのかを検討する必要がありますね。

志甫　このあたりの点は、全般的に裁判所にもご意見をうかがいたいですね。

上拂　在外資産の調査・回収は、管財人にとって困難な業務の１つであると思います。本件を離れて一般的な対応を申し上げると、破産者には破産法40条１項により説明義務があることから、管財人としては、破産者が国外に有する可能性のある資産に関して、破産者に対してその存否や内容につき説明を求めるとともに、破産者本人から、例えば取引履歴や残高証明等の資料を提出させることが考えられます。また、契約先である国外の金融機関または保険会社が管財人名での照会に応じない場合もあるでしょうから、破産者の協力を得て、その名義で照会することも考えられます。

もっとも、破産者の協力が十分得られないケースも想定されます。在外資産の存在がある程度確かなものであるにもかかわらず、破産者が資料の提出等に協力しないのであれば、説明義務違反に当たるとして免責不許可事由に当たり得ることも示して、破産者に協力を強く求めることが考えられます。また、債権者らは、破産者が協力しない態度をみて、破産者が免責を得ることに反発することも予想されますが、そのような事態は破産者にとっても望ましくないでしょうから、手続に協力するよう破産者を説得することも考えられます。

いずれにしても、在外資産の調査・回収について管財人だけが頑張っても、なかなかうまくいかないでしょうから、何とか破産者とのコミュニケーションを保って、その協力を効果的に引き出すことが大切ではないかと思います。

(iii)　債権者が管財人による海外の各種調査・法的措置に関する費用負担を申し出た場合

志甫　ここまでは、費用の問題から、取り得る選択肢が限られてきましたが、仮に、情報提供した債権者が破産管財人による海外の各種調査・

法的措置に関する費用負担を申し出たとしたら、資金の懸念なく調査できることになるでしょうか。

上沼　費用負担をしてもらうこと自体はありがたいですが、手続的にどうするかは問題です。特定の債権者から提供された資金を破産管財人としてどのように扱ったらいいのかは問題になりませんか。

志甫　資金の預かり方については、債権者破産申立てであれば、予納金の追加が考えられます。そうでなければ、例外的に第三者による予納も可能と解されています(注4)。これは、法テラスによる予納が典型例ですが、申立人に代わって第三者である債権者が予納することは、解釈上あり得るのではないでしょうか。もっとも、破産管財人が誰に対して注意義務を負うかの観点から、債権者から直接に資金を入れてもらうことは避けたいですね。

上沼　海外資産の存在について、どの程度の蓋然性があったら調査のための予納金という手続をとるのが適切だと思いますか。

志甫　たしかに、資産の存在が明確である場合を除き、調査してみないと資産があるかどうかわからない場合には、債権者からすれば費用倒れになることがあり得ます。この点については、費用提供を申し出た債権者に対して、予納金として費用を拠出してもらったからといって、必ずしも資産が判明するものではないと十分に説明しておけばよいのではないでしょうか。

上沼　特定の債権者のみが、費用倒れとなる可能性を理解していてもなお感情的な理由などにより徹底的な調査追及を主張しているけれども、他の債権者はそこまでこだわっておらず、むしろ、早急終結を希望しているような場合もあり得ますよね。

志甫　ご指摘のとおりだと思います。資産が判明する相応の蓋然性を債権者に説明してもらうことが必要そうですね。

上沼　首尾よく資産が判明し回収に成功した場合、今度は、負担しても

（注４）　伊藤眞ほか『条解破産法〔第３版〕』(弘文堂、2020) 173頁。

らった費用の返還の問題が出てきます。予納金として費用を拠出してもらった債権者にどのように返したらいいのでしょうか。

志甫　債権者申立て事件での予納金は、管財人報酬の次の財団債権（破148条1項1号）と解されています。これを超えたインセンティブ的な支払ができるかについて、再生・更生では報奨金制度がありますが（民再91条1項）、破産にはありません。破産法でも、債権者委員会の費用（破144条）については定めがありますが、委員の数が3名以上必要ですし（同条1項1号）、認められるのは費用の償還です（同条4項）。インセンティブ的な支払は難しいのではないでしょうか。

上沼　そうですね。そういう意味でも最初にきちんと説明理解してもらう必要がありそうです。債権者とのトラブルを避けるためには、他にも、調査方法（渡航回数含む）、資産を発見した場合の回収方法、撤退ラインなどはあらかじめ協議して決めておいたほうがいいですね。

志甫　債権者に、海外の隠し資産の調査・回収を委ね、回収した場合には債権者の費用を控除した額を財団に入れる合意をする、または申告を受けてホッチポット・ルールに委ねるなど、幅はありそうです。

上沼　管財人としては、特定の債権者に回収を委ねるのは可能な限り避けたいとは思います。債権者が回収時に正直に説明してくれるかどうかという点もありますし。もし、特定債権者に回収を委ねる場合は、事前にその旨を他の債権者にも説明して理解を得つつ、自分には機会が与えられなかったなど後のクレームを避けるための牽制をしておくのがよいでしょうか。

志甫　裁判所のご意見もうかがってみたいですね。

上拂　在外資産の調査・回収に係る費用を拠出する旨の債権者の申出があったとしても、管財人が必ずそれに応じるものではなく、裁判所と協議の上で慎重に対応することになると思います。在外資産の調査・回収に係る管財人の権限が限られる中、本当に在外資産が存在するのか明らかでない状態で、そのような債権者の申出に応じるのは、無用に手続を長期化させることになって相当ではありません。安易に債権者の申出に応じれば、当該債権者の期待を必要以上に増長させ、後日揉めることにもなりかねません。

したがって、管財人が債権者の申出に応じることができるのは、在外資産の存在が確実であって、当該在外資産の回収の目途が立っていることを前提に、費用拠出に関して管財人と債権者との間で書面による合意を交わすことができた場合などに限られるものと考えられます。そして、債権者の拠出する費用については、債権者による破産申立てのケースに準じて、金額を定めた上で手続予納金として裁判所に納めることが１つの方法として考えられます。その根拠は破産法22条の類推適用に求めることになるのでしょうが、手続予納金の形を採ることにより、この問題に裁判所が明確に関与することができ、管財人と債権者との間に紛争が生じるのを抑止できることが期待されます。費用を拠出した債権者に対し優先的に費用の払出しをする場合には、財団債権の承認（破78条２項13号）として裁判所の許可を要する旨を債権者との合意書面に明記することも考えられます。いずれにしても、債権者に費用を拠出させる場合には、その事件を担当する裁判所とよく協議をしてほしいと思います。

⑷ その他資産（海外子会社）の処理・破産財団からの放棄

志甫 次に、個人Ｂも破産しましたので、個人が保有している海外子会社Ｃの株式を処分することになります。Ｃはすでに事業停止しており、また、特段の資産も有していないとのことから、株式は無価値だと思われます。まずは、関係者、本件では、株主である現地従業員などに備忘価格で売却することを検討し、最終的には破産財団から放棄するしかないでしょうか。この点についても、裁判所の意見をうかがいたいところです。

上拂 在外資産については、無価値である場合のほか、必ずしも無価値とはいえないけれども、換価処分が困難であるまたは換価処分に相当の期間を要する場合や、在外資産の権利関係につき現地で紛争が生じていて、その解決に時間・費用を要するだけでなく、破産者の権利が認められる可能性が乏しい場合などが考えられます。このような場合には、客観的な資料や専門家の助言などの裏付けをもとにして、関係者への備忘価格での売却を検討するのでしょうが、それも難しいようであれば、在外資産につき財団からの放棄を検討することになります。もっとも、放棄対象となる在外資産が日本円に換算して価額が100万円を超える場合には、破産法78条２項12号に基づき裁判所の許可が必要となりますので、在外資産を財団から放棄するに当たっては、裁判所に相談するようにお願いします(注５)。

2　債権の取扱い

以下の事例において、破産管財人としては、どのように対応するべきか。

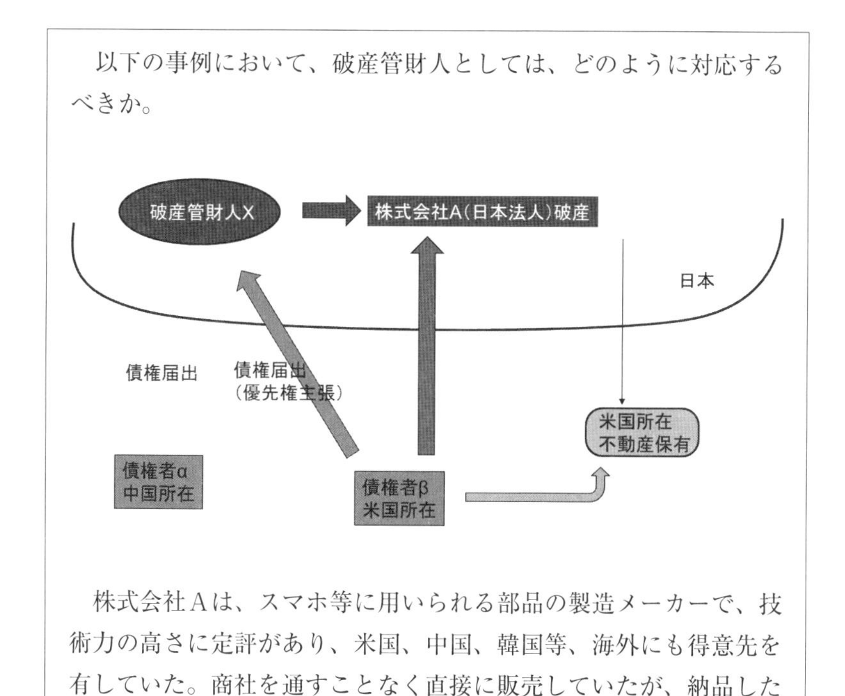

株式会社Ａは、スマホ等に用いられる部品の製造メーカーで、技術力の高さに定評があり、米国、中国、韓国等、海外にも得意先を有していた。商社を通すことなく直接に販売していたが、納品した

(注５)　永谷典雄＝上拂大作編著『破産実務の基礎』(商事法務、2019) 394頁。

部品に契約不適合があったとして、得意先から返品や損害賠償を請求され、破産手続が開始した。配当事案になる見込みである。

⑴　破産管財人Xの事務所から破産手続開始決定通知を各債権者に送ったが、B国に所在する債権者に対しては、同国の郵便事情が悪く、把握しているメールアドレスに送付するほうがよいと考えられた。

⑵　中国の債権者が債権届出をしてきたが、中国語で記載されており、提出された資料もすべて中国語であった。また、債権額の通貨も人民元であった。

⑶　米国の債権者が日本の破産手続において債権届出をし、「米国で勝訴判決を受けてこれを登録した。米国であれば、Lienとして優先債権扱いになるので、日本の破産手続でも優先的に支払われなければならない。」と主張した（不動産等の海外資産からの優先回収を主張しているのではなく、日本の配当手続における優先権を主張）。

⑷　⑶で、米国の債権者が米国国内の不動産から優先回収していた。

⑸　破産手続開始時において、米国内で損害賠償請求訴訟が係属していた。破産管財人Xが、資料を精査し、Aの代表者および従業員にヒアリングしたところ、当該請求は認められないとも解された。

⑴　通知の方法

(i)　電子メールによる開始決定書の通知（破32条３項）の可否

志甫　続いて債権の取扱いについて検討していきます。破産手続の開始について、知れている債権者には通知しなければなりませんが（破32条３項）、海外の一部債権者に対して郵送による通知が届かないようです。メールアドレスはわかっているのでメールによる連絡を試みてみようと思います。

上沼　この点、条文はどうなっていますか。

志甫　民事訴訟に関する手続における催告および通知は、相当と認める方法によることができることになっており（民訴規４条１項、破規12条）、相当と認める方法については、「催告又は通知の目的を達し得る方法で相当と認められるものであり、具体的には、普通郵便、葉書はもちろん、電話、ファクシミリ、口頭による伝達等によることも差し支えない」とあります（注６）。現在の法令解釈でも、メールをもってする通知も可能といえるのではないでしょうか。

上沼　現在の実務でも事案によっては、開始決定をメールで送信したりする例もあるようです。実際上、債権者から債権届けの提出があれば開始決定が届いたこと自体は争われることはないとは思います。

(ii)　開始決定書の通知以外の通知

志甫　破産手続では、開始決定の他にも、最後配当・簡易配当することができる金額の通知（破197条１項）、最後配当額の通知（破201条７項）、簡易配当額等の通知（破204条２項）など、通知を要する場面があります。これらの場面においても同様でしょうか。

上沼　そうですね。特に、配当に関する通知ですと、一緒に債権者から配当金の入金先の口座情報を指定するよう求めることが通例ですので、回答があることが期待できます。口座情報の指定など、債権者からの積極的な行為があれば、通知の有無が争いになることは考えにくいですね。

（注６）　最高裁判所事務総局民事局監修『条解民事訴訟規則』（司法協会、1997）14頁。

⑵ 使用言語等

(i) 通知の英訳の要否（破規12条、民訴規４条５項）・外国語による債権届出書・添付資料の扱い（裁判所法74条、破規12条、民訴規138条）

志甫 本件では、中国語で債権届出がされているのです。たしかに、日本語を読めない債権者には意味がわからないかもしれないですが、使用言語は日本語ですから（裁判所法74条、破規12条、民訴規138条）、債権届出は日本語でしてもらうよう求めるべきでしょうか。また、前提として、破産手続開始決定の通知についても日本語で行えば足りるところ、英文訳を送るケースもあるようですね。

上沼 債権者による強制執行など、在外資産について破産管財人のコントロールが効かない状態に陥るのを防ぐため、海外にいる利害関係人に対して破産手続開始に関する情報を周知徹底するという観点も重要です。英語以外の言語の場合でも、当該国で取引を行っていた、破産者代表者や従業員が言葉が分かることも多いので、その協力を得るなどの工夫が必要かもしれません。さらに、現地の債権者が理解しやすいような通知を行うことは、手続保証の観点、周知徹底による情報提供（海外資産の存在や、一部債権者の海外資産からの回収等）などの点でも有効かもしれませんね。

上拂 裁判所は、破産法の規定（破32条３項１号・２号・１項・２項）に基づき、海外所在の知れている破産債権者および財産所持者等に対しても破産手続開始の通知をしなければなりませんが、裁判所において海外所在の利害関係人宛ての通知書に英訳文等を付すのは実際上困難であるので、東京地裁破産再生部では、破産管財人の協力を得て上記通知に関する事務を依頼しており（破規７条）、破産管財人において英訳文等を付して上記通知を行うことが多いものと思われます(注７)。海外所在の利害関係に対する通知の実施に関しては、裁判所と協議をして進めてほしいと思います。

（注７） 永谷＝上拂編著・前掲（注５）389頁。

(ii) 為替相場

志甫　通貨については、人民元ではなく日本円とすべきですが、為替レートの基準時など、解釈が分かれるでしょうか。

上沼　為替レートをどこの国のものを基準とするかも問題となり得ます。義務履行地として債権者の住所地（注8）とする見解もあると思いますが、手続は法廷地法によるとの準拠法に関する原則や債権者間の平等の観点からすると、破産手続が行われている地の為替相場とするのが適切でしょうか。東京地裁ですと、東京外国為替市場における破産手続開始の日の前日の終値としており、実務的には、対顧客電信為替相場（TTS）が使われることが多いですね（注9）。

(3) 債権の優先性に関する適用法

志甫　米国で、勝訴判決を受けてこれを登録した債権者が、自らの債権は優先的な債権であると主張してきた場合はどうでしょうか。米国法においては優先されるとしても、日本法では解釈が異なりますし、日本国内の債権者からしても、日本法では優先しない債権が突然に優先的扱いを受けるとすると不利益を被ることになります。

上沼　債権額、債権の発生要件、担保権の有無等、債権の内容そのものは、諸外国の実体法または契約の準拠法に基づいて決定されると考えられますが、これにより実体的な内容が決定した債権が破産手続上どのように扱われるか、つまり破産債権・財団債権等の破産手続における優先性については「手続法は手続地法による」との原則に則り、日本の破産法に従って判断されることになります。

この事例ですと、米国において担保付債権として扱われていたとしても日本ではそうではありませんので、破産手続上、優先的な扱いを行うことはできないことになりますね。

（注8）　民法484条1項。ただし、配当については破産法193条2項本文。
（注9）　永谷＝上拂編著・前掲（注5）396頁。

⑷　ホッチポット・ルール等

(i)　破産法201条４項：弁済額が日本での配当率を上回る場合

志甫　次に、海外の債権者が海外の資産から回収した場合の処理です。破産法201条４項により、破産手続開始後に破産財団に属する財産で外国にあるものに対して権利を行使したことにより、弁済を受けた破産債権者は、他の破産債権者が自己の受けた弁済と同一の割合の配当を受けるまでは、最終配当を受けることができない、ということになります。仮に、海外での回収額が日本での配当率を上回る場合はどうなるでしょうか。破産法201条４項は直接規律していないですよね。

上沼　弁済額が日本での配当率を上回る場合の不当利得の成否については直接的な規律はありませんので、解釈に委ねられています[注10]。両説あるみたいですね[注11]。

志甫　両説あるのであれば、不当利得成立説に立って、財団に組入れを目指したほうが破産財団の増殖と国内債権者との平等が実現できますね。

上沼　なかなか勇ましいです。ただ、日本の債権者であればともかく、海外債権者の場合ですと、実際、どう回収するのかは問題です。当該外国で不当利得が成立するのか、という点もありますし、また、仮に不当利得の成立について主張が認められるとしても、実際の回収も容易ではないかもしれませんね。

(ii)　海外資産からの回収を積極的に確認するか

志甫　前問の海外資産の回収と同じ議論になるわけですね。そもそも、海外において債権者が回収している事実は、任意の情報提供がない限り把握することは困難ですが、管財人としてはこの点についての調査をす

(注10)　花村良一『民事再生法要説』(商事法務研究会、2000) 259頁。

(注11)　不当利得の成立に否定的な見解（伊藤ほか・前掲（注４）816頁、伊藤眞ほか編集代表『民事再生法逐条研究――解釈と運用』〔有斐閣、2002〕267～268頁〔深山卓也発言〕、道垣内正人「国際倒産における債権者平等」金判1112号〔2001〕118頁など）と、肯定する見解（山本和彦『国際倒産法制』〔商事法務、2002〕152頁以下、伊藤ほか編集代表・前掲266～267頁〔松下淳一発言〕など）。

るべきでしょうか。裁判所のご意見をうかがえますでしょうか。

上拂　海外での債権者の回収行為に関して、管財人には実効的な調査権限がない以上、何らかの端緒がない限り、これを調査することは難しいと思います。管財人としては、特定の債権者が在外資産から回収をしたか否かを把握するためには、破産者およびその従業員、破産の会計・財務を担当していた税理士等から事情聴取することをまず考えるでしょうが、他の債権者が取引先等の立場で現地の情報を有していることもあり、そのような債権者から寄せられる情報が有用であるケースもあります(注12)。確度の高い情報に接しない限り、管財人が調査すべき場面とはならないと思いますが、管財人としては有力な情報に接することができるよう、さまざまな形でアンテナを広げることが必要となります。

(5)　外国で係争中の債権の取扱い

(i)　外国手続が中断するか

志甫　最後に海外で係争中の債権の扱いについてです。日本国内において破産債権者または財団債権者が提起した訴訟が破産手続開始時に係属するときは、その訴訟手続は中断するとして（破45条1項)、外国の訴訟は含まれないと考えられています。管財人としては外国における訴訟・仲裁手続をそのまま継続させ敗訴しないよう、海外での訴訟に応じざるを得ないでしょうか。

上沼　海外に資産があるかどうかにもよるでしょうね。破産者に在外資産がなければ、その在外資産に執行を受けるおそれがないので、海外での訴訟に応じなければならない実際上の必要性はあまりないといえます。

志甫　破産者が個人の場合はどうでしょうか。海外に資産がないとしても、海外で敗訴判決が確定した場合において、将来、破産者個人が当該外国に入国した際に不利益が生じることがあり得るか等、別途の考慮が必要でしょうか。

(注12)　永谷＝上拂編著・前掲（注5）385頁。

上沼 免責決定の効力が国外にも及ぶかという点にもよると思いますが、裁判所で支払を命じられた債権を未払で放置した場合、当該国における身柄拘束のリスクなどもあり得ます。だとすると、そのようなリスクについて破産者と申立代理人に説明の上、破産者本人に、海外訴訟に応じるかを判断してもらうというのがよいかもしれません。

(ii) 中断しない場合、債権の確定は、日本の査定手続または外国の訴訟・仲裁のいずれで確定するか

志甫 本件では海外資産が判明していないので、海外債権者の回収手段としては、日本の破産手続で配当を受けるしかなさそうです。この場合、海外債権者の債権額の確定をいずれの手続で行うのでしょうか。破産手続における債権認否で異議を出す予定ですが、海外債権者の債権額を、破産手続における査定手続で確定するのか、外国の訴訟・仲裁のいずれで確定するのか、仲裁合意があった場合の効力など検討を要しますね。

上沼 これも見解が分かれるところだと思います。

志甫 裁判所のご意見もうかがえますか。

上拂 日本の破産手続が開始されれば、外国裁判所に係属する訴訟の進行が当然に停止するものではなく、日本の破産手続の承認援助手続を申し立てることにより日本の破産手続の法的な効力を外国に及ぼして、外国裁判所の訴訟進行を停止させる必要があります。しかし、外国に破産者の在外資産が存在しないのであれば、わざわざ承認援助手続を執らないケースも多いのではないかと思います。

そうすると、管財人が債権認否で異議を述べた場合には、それに対して外国債権者が申立てをした査定の手続を進めるのか、進行が止まっていない外国裁判所の訴訟を進行させるのかが問題となります。仮に外国裁判所の判断を求めたほうが迅速に破産債権を確定することができる見通しがある場合などには、日本の破産手続における査定の判断に進むことなく、外国裁判所の訴訟を進行させる対応を執ることも考えられますが、破産債権の確定の観点からは、外国裁判所の訴訟の結果が出たにも

かかわらず、日本の破産手続における債権確定手続において紛争の蒸し返しがされることを防止するため、日本の破産手続においても外国判決の内容に沿って進行をする旨の合意をしておくことが重要になると考えられます(注13)。いずれにしても、破産手続全体の進行にも影響しますから、裁判所とよく協議をすることが必要になると思います。

(注13) 永谷=上拂編著・前掲(注5)398頁。

国際的な事業再生

2022年1月10日　初版第1刷発行

編　　者　　事業再生研究機構

発 行 者　　石　川　雅　規

発 行 所　　株式会社 商 事 法 務

〒103-0025 東京都中央区日本橋茅場町3-9-10
TEL 03-5614-5643・FAX 03-3664-8844〔営業〕
TEL 03-5614-5649〔編集〕
https://www.shojihomu.co.jp/

落丁・乱丁本はお取り替えいたします。　印刷／そうめいコミュニケーションプリンティング

Printed in Japan

Shojihomu Co., Ltd.
ISBN978-4-7857-2919-6
＊定価はカバーに表示してあります。